Face to Face in
Fiscal and Economic Issues

财政热点
面对面

余丽生 著

经济科学出版社
Economic Science Press

"财政精神"体现了财政的本质
（代序）

人不同于一般动物，人是有思想的动物，有精神追求。而精神有一种无形的力量，能够激发人的潜能，激发人的斗志，调动人的积极性和主动性，催人奋进。精神和企业结合叫企业精神，精神和单位结合叫单位精神，精神和系统结合叫系统精神，精神和人类的结合叫人文精神。这种精神构成了文化的重要组成部分，成为企业、单位、系统和国家的软实力，增强了企业、单位、系统和国家的凝聚力，提升了企业、单位、系统和国家的竞争力，推动着企业、单位、系统和国家的不断创新、不断前进、不断发展。

2012年6月财政部下发了《关于开展"财政精神"提炼活动的通知》，提出要在全国财政系统开展"财政精神"提炼活动，使财政部门进一步形成思想共识、凝聚精神力量，推进财政文化建设。根据财政部的统一部署，全国各级财政部门迅速行动，从不同的角度、不同的方面、不同的侧重点，提出了各种涵盖财政特色和系统特点的"财政精神"：有的从廉政建设的角度提出"务实、创新、廉洁"的"财政精神"；有的从财政业务角度提出"生财有道、聚财有度、用财有效"的"财政精神"；有的从立法角度提出"公平、公开、公正"的"财政精神"，等等。这些提炼出来的"财政精神"，各有千秋、各有特色，丰富了"财政精神"的内涵。但万变不离其宗，"以才兴财，民富国强"则是对"财政精神"的高度概括和阐述。

财政属于分配范畴，是以国家为主体对国民收入的分配和再分配，收入分配和资源配置是财政的基本职能。经过改革开放30多年的发展，我国的财政面貌发生了根本的变化，财政在国民经济和社会发展中的作用和地位举足轻重。从财政的规模看，财政收入规模2011年已突破10万亿元大关，2012年超过11万亿元，财政成为政府调控经济社会发展的重要力量；从财政的作用范围看，公共财政覆盖经济社会发展的方方面面，覆盖城乡居民，已将广大的农村纳入公共财政的保障范围；从财政管理看，已全面推行公共预算编制、执行、监督三分离，实现财政国库集中收付，全面实施政府采购，推进财政资金的绩效管理，财政管理逐步走向科学化、精细化。公共财政发展变化要求财政的理财必须与时俱进，否则，难以承担政府理财的职能。这要求从事财政工作必须讲政治，有真才实学，是真正的理财能手。一方面要有坚持原则、秉公办事的能力；要有高尚的品行，崇高的理想信念；要有"权为民所谋，情为民所系，利为民所用"的理念，有"先天下之忧而忧，后天下之乐而乐"的精神追求，经受得住金钱的"诱惑"，廉洁奉公。另一方面，要有熟悉业务、当家理财的能力。要敢于突破，善于学习，勇于改革和创新。要掌握理财所具备的知识，能适应财政发展的需要加强管理，提高财政资金使用绩效；能统筹安排财力，满足经济社会发展的资金需要，确保财政的持续平稳健康发展；能根据经济社会发展环境的变化及时调整政策，发挥好财政的调控功能，当好政府的参谋。同时，要有了解实际，理论联系实际的能力。要熟悉财政业务，了解国情和民情。不能仅局限于听汇报、看材料，要善于调查研究，了解基层工作实际，使出台的政策符合基层实际，避免政策漏洞百出，基层难以操作和执行。因此，理财要有"才"，有"才"方能"兴财"。"才"是理财的需要，是"兴财"的基础。"以才兴财"反映了财政的人文特征，体现了财政精神的本质要求。

而"民富国强"是理财的目的，是财政工作的目标追求。在国民收入既定的情况下，国家集中多了，用于居民分配的就少；国家集中少了，用于居民分配的就多。表面上看，"民富"和"国强"是有矛盾的，但实质上是统一的。"民富"和"国强"是相辅相成的，"民富"是"国强"的基础，而"国强"又有利于"民富"。一方面，要处理好国民收入的分配关系，民富和国强都要兼顾。社会主义生产的目的是为了满足人民群众日益增长的物质文化和精神文化需要，而我国改革开放的目的也是为了更好地满足社会需要，让全体居民共享改革开放的成果。这主要体现在"民富国强"上，财政的分配关系就是要处理好"民富"和"国强"的关系，任何"民富国弱"或"国富民穷"都是财政分配关系没有处理好的表现，都不符合财政分配的本质要求。改革开放之前，我国财政分配的主要特点是"国强民弱"，国家在国民收入分配中集中的比例过高，积累多消费少，以至于城乡居民的生活改善缓慢，居民普遍比较贫困。这在特殊时期集中国家的财力搞经济建设，是有利于经济快速发展的，但长期如此，会影响经济的发展，造成经济发展的比例失调。改革开放以来到1994年的分税制财政体制之前，国家实行了简政放权、减税让利的经济体制改革，财政上"分灶吃饭"，国家财力逐步下放，城乡居民的生活水平得到较快的改善，但由于国家财政在国民收入中占比逐年下降，严重影响了国家财政尤其是中央财政的调控能力，这也不符合财政分配的要求。1994 年分税制财政体制改革以后，财政参与国民收入分配的比例关系得到改善，把"民富"和"国强"的关系有机结合起来。在居民收入稳步提高的基础上，国家财政的实力得到根本的改善，财政的地位得到提升，"民富国强"的关系得到了协调。另一方面，财政的支出要体现效果，这种效果体现在经济效益和社会效益、生态效益等方面，推进"民富国强"。国家从国民收入"蛋糕"中集中了一部分财力，即参与国民收入初次分配取得财政收入，提高了国家的实力。这些集中的财力通过财政的再分配，主要是满足社会公共需要，用于教育、医疗、社会保障等民生支出，用于支持农业、农村发展，用于经济欠发展地区的发展，用于改善民生和增加居民尤其是困难群体的收入，推动城乡基本公共服务均等化和区域经济社会均衡发展，实现共同富裕。这样，通过财政的再分配，又把"国富"转为"民富"。因此，推进"民富国强"，体现了财政的本质要求，反映了财政分配的目的，是财政精神的充分体现。

由此可见，用"以才兴财，民富国强"来概述"财政精神"，把财政的分配特征和人文精神有机结合，既体现了财政工作的本质特征，又体现了财政系统的精神追求，还体现了国家执政理念，是财政工作方方面面的综合体现，符合财政工作实际，是对"财政精神"的很好诠释。

作　者

2013 年 8 月

目 录

财政管理谋策略

财政体制促完善

财政政策求实效

财政改革寻突破

财政职能定乾坤

财以政为本，政以财为基。财政职能是财政固有的功能，是政府职能实现的保障。尽管在财政的发展过程中有"小财政，大市场"和"大财政，小市场"之争，但在社会主义市场经济中，市场在资源配置中的决定性作用决定了财政的职能定位，财政不是万能的，没有财政又是万万不能的，财政是市场经济不可或缺的组成部分，承担了收入分配、资源配置、宏观调控等职能，担负着弥补市场缺陷和"雪中送炭"的功能。

为经济社会发展保驾护航，财政不能退缩，财政无法退缩，财政的职能是市场主体不能替代的或不能完全替代的。

科学理财破难题

如果说企业的董事长是企业的决策者，那么，总经理就是企业的管理者，员工则是企业的执行者。同样，对政府来说，政府理财的真正主体是政府领导，财政部门领导是政府理财的管理者，而财政部门和其他政府部门的有关工作人员则是政府理财的执行者。党委、政府的决策是政府理财的方向，在政府理财中举足轻重，因此，政府的理财者必须掌握好理财这门学问，对科学理财游刃有余，以少走弯路、少犯错误甚至不犯错误，实现"少花钱，多办事，办好事"，为经济社会事业发展和民生改善多谋福祉。

俗话说：新官上任三把火。根据《人民日报》2012 年 7 月 31 日报道，根据党章规定和中央统一部署，从 2011 年第四季度至 2012 年 7 月初，全国 31 个省、自治区、直辖市党委集中进行了换届。在此之前，从 2010 年 12 月至 2012 年 4 月底，全国应换届的 374 个市（州）、2 789 个县（市、区、旗）、33 368 个乡镇党委已经完成换届。至此，在中央的坚强领导下，这次全国省、市、县、乡四级党委换届有序、健康、平稳，取得圆满成功。地方党委、政府换届以后，新的政府领导班子上任了，按照"十二五"规划的要求，各级政府就会提出新的施政方针，加大财政的投资力度，为地方经济社会事业发展、为民生事业改善服务，这需要有稳固的财力作保障，否则，"巧妇难为无米之炊"。但从当前地方经济运行情况看，地方政府理财遇到了前所未有的困难，对地方政府理财提出了严峻的挑战。

一方面，财政增收难。在全球化的背景下，由于受到世界金融危机和欧债危机的影响，我国经济也不能独善其身，而我国的经济又是以加工制造业为主的经济，经济的对外依存度高，外部经济的风吹草动对我国的经济影响大，我国经济发展遇到前所未有的困难，外需不振，内需难以启动，企业经济效益普遍下降，经济增长回落。我国未来经济要继续保持高速增长难度很大，反映到财政上，从2012年1~8月份的财政收入情况看，财政收入急剧下降，有些地方出现了低增长甚至负增长，这是多年以来未曾出现过的现象，未来财政收入继续高增长将难以出现，这直接影响了地方财政的可用财力，影响了地方政府的调控能力。

另一方面，土地财政保障难。"预算内保'吃饭'，预算外搞建设"这是地方财政的基本现实。一般预算收入即地方财政收入增长难度大，地方还有预算外收入，主要是以土地出让金为主体的来自土地的收入，即所谓的"土地财政"。目前地方政府搞建设主要靠土地财政，但是，由于国家的宏观调控——对房地产市场的严格的调控，地方政府的土地市场严重萎缩，从2012年土地出让情况看，不少一线城市包括二线城市土地大量流拍，土地出让指标难以完成，土地财政困难重重，严重影响了地方政府的可用资金，不少沿海发达地区地方财政出现了真正的困难。更何况土地是不可再生资源，国家为了稳定粮食生产，保留18亿亩的土地指标是不能突破的，土地财政也是不可持续的。

同时，负债融资难。负债融资是政府通常的理财方式，对地方政府负债要实事求是地看待，根据地方经济发展需要适当负债，把未来的钱提前使用是聪明的做法，但负债必须有合理的度，否则就会适得其反，甚至出现债务风险，欧债危机就是教训。我国预算法规定，地方是不能出现赤字财政，不能负债的，而地方政府负债是不争的事实，2011年全国地方政府负债突破10万亿元。为了控制政府负债，规避债务风险，国家从2011年就开始清理地方融资平台，从源头上控制地方负债，这使得未来地方政府想通过大量负债融资统筹发展经济社会事业难度较大。

可以说，当前财政的困难是真正的困难，前些年那种财政收入快速增长，甚至超GDP两倍以上的增长将很难出现，财政收入低增长将是未来财政的一种趋势。在这种情况下，如何完成地方政府的施政方针，实现"花小钱办大事"，政府领导的理财水平、理财艺术很重要，掌握好政府理财这门学问尤为迫切。

第一，掌握好"取之于民，用之于民"的理财方法。社会主义市场经济条件下公共财政的基本职能是为社会提供公共产品，满足社会公共需要。而这种职能的实现主要通过参与国民收入的分配和再分配，实现社会资源的合理配置。国家一方面主要通过税收的形式取得公共收入，国家的财政收入来源于社会，主要是企业和居民缴纳的税收，即"取之于民"。另一方面国家取得公共收入以后，并不是用于满足政府需要，而是用于教育科技、医疗卫生、社会保障、环境保护、公共安全等民生支出，满足百姓的社会需求，即"用之于民"。因此，政府的理财是为民理财，必须体现坚持公平、公开、公正的原则，必须讲究效益并接受社会公众的监督，把民众的需求作为"第一需要"，把财政资金用到社会最需要的地方，满足社会公共需要。

第二，掌握好"将欲取之，必先予之"的理财方法。在国民收入"蛋糕"既定的情况下，政府财政集中多了，企业和居民的份额就少，这虽有利于政府职能的实现，却不利于社会财富的创造和居民生活的改善，反之亦然，这要求掌握好其中的"度"。财政支出刚性的特点，使得政府理财经常出现：当经济形势好，企业发展景气，政府往往会采取"放水养鱼"的政策，把更多的财源"藏富于企业"；当经济形势困难，企业发展不景气，政府又往往会"竭泽而渔"，使企业的发展更加困难。依法理财是政府理财的前提，政府理财必须处理好"取"与"予"的关系。"小河有水大河满"，民富才能国强。财政收入来源于企业和居民创造的国民收入，企业是政府收入的源泉，企业的发展是财政收入的有力保障，政府财政必须给企业创造宽松的外部环境，把国民收入的"蛋糕"做大。只有这样，政府财政收入才能保持持续稳定的增长，政府的财政收入才有保障。

第三，掌握好"四两拨千斤"的理财方法。"四两拨千斤"是太极拳的基本理论，通过借力达到"以柔克刚"的目的，这同样适用于政府理财。财政收入是政府掌握的公共资源，是有限的，但社会对政府财政的需求是无限的，民生改善需要财政保障，基础设施建设需要财政支撑，经济发展需要财政支持，等等。社会对财政资金需要无限性的特点要求财政必须学会"四两拨千斤"，除了有些公共支出财政必须保障外，财政更多的是起导向作用，给社会提供政策信号，采取财政补助、财政贴息等手段，通过财政资金的"四两"引导社会资金的"千斤"，把更多的社会资金调动起来，引导到经济社会事业发展上，实现经济效益和社会效益的结合、政府和企业利益的"双赢"。

第四，掌握好"不与民争利"的理财方法。在社会主义市场经济条件下，要充分发挥市场机制在资源配置中的基础性作用，凡是市场能够作用到的地方或领域，政府都要退出。市场经济下的政府是有限政府，政府仅仅充当市场经济"守夜人"的角色，"小政府，大服务"是市场经济对政府的基本要求。这对财政来说，必须处理好财政与市场的关系，财政主要承担弥补市场缺陷的作用，"不与民争利"是财政的基本定位。而过多的干预市场行为，过度地介入市场行为，财政不仅能力有限，力不从心，而且违反市场运行规律，只会适得其反。只有市场作用不到或作用不好的领域，财政才能主动介入、积极介入，承担起政府应有的职责。

第五，掌握好"众人拾柴火焰高"的理财方法。俗话说：三个臭皮匠顶上一个诸葛亮。这一方面说明了人多力量大，另一方面说明"人心齐，泰山移"，集体和群众的力量是无穷的。虽然政府理财的主体是政府，但和政府理财有关的却涉及到方方面面，涉及从中央到地方的五级政府，每一级政府又涉及到政府的各个部门和单位，如此等等。显然，在财政关系处理上，仅靠一级政府或个别部门的积极性要理好财是有困难的，必须尽量调动各级政府和各个部门及单位的积极性，集中大家的智慧和力量，群策群力，共同"当好家，理好财"。这就要求，在财政体制的调整中，不能一味地向上集中财力，财力要适当下沉，尤其是向经济欠发达地区倾斜，调动基层政府当家理财的积极性，共同把"蛋糕"做大、把公共服务事业办好。同样，在预算安排上，既要有压力，又要有动力；既要有财力保障，又要精打细算；既要花好钱，又要有绩效。要调动部门和单位的积极性，变被动理财为主动理财，实现"众人拾柴火焰高"的效果，达到共同理财的目的。

第六，掌握好"量入为出，收支平衡"的理财方法。"量入为出"和"量出为入"是两种理财思路，"量入为出"相对稳健，留有余地，更适合政府理财。当然，在社会主义市场经济条件下，"抓住机遇，促进发展"是各级政府面临的共同问题，政府适当的负债，把未来的钱提前使用也不是不可的，但政府的负债必须要有一定的"度"，并将举债的资金主要用于政府的有偿还能力、有经济效益和社会效益的建设项目，不能用于经常性的公共支出，否则，政府负债就没有偿还的来源。我国的《预算法》规定，地方政府不能搞赤字财政，也没有自行举债的权利。地方政府理财一定要处理好需要和可能的矛盾，做到"量力而行，量入为出"，做到财政收支平衡，实现财政持续、平稳、健康发展。

从这些理财方法可以看出，理财是一门学问，是一门科学；理财是一项技术，是一门专业；理财是一场博弈，是共赢的博弈；理财是一种平衡，是各方利益的平衡。地方政府必须掌握好理财的方法，在财政困难中寻找到解决问题的办法，化压力为动力，变挑战为机遇，实现"小财政，大社会""小财政，大民生"，政府理财大有作为。

财政不是万能的

在社会主义市场经济条件下，财政不是万能的，但没有财政却万万不能，这是由财政职能作用和地位决定的。

财政是国家掌握和调控公共资源的手段，在经济社会发展和日常生活的方方面面，无时不能离开财政，无时不能没有财政的影子。在经济社会发展方面，保障民生需要财政，维护政权运转需要财政，改善发展环境需要财政，统筹城乡发展需要财政，推进基本公共服务均等化需要财政，等等；在日常生活方面，维护物价稳定需要财政，改善居民住房需要财政，给困难家庭补助需要财政，解决困难家庭子女上学需要财政，给农村劳动力培训需要财政，等等，这些都给人以财政是万能的假象，使财政始终处于社会矛盾的焦点上，始终处于高度紧张的运行状态，再多的财政收入也往往难以满足财政支出的需要，以致社会上有"公共财政是个筐，什么都可以往里装"的说法，这是目前财政定位和运行的真实写照。

但是，财政不是万能的，有许多领域和方面，财政是不能作用和作用不到的，需要金融政策来弥补，财政和金融政策始终是市场经济国家调控经济和社会发展的主要手段，两者互相关联但又不能相互替代。从结构和总量的关系看，财政是调结构的，金融是调总量的，社会上一旦有总供给和总需求失衡，出现通货膨胀，首当其冲、冲锋陷阵的是金融政策，通过调高存款准备金率和提高利率等金融政策来调控。为什么美联储一有风吹草动，就会影响华尔街，影响世界经济的神经就是这个道理。从公平和效益的关系看，财政以公平为己任，同时兼顾效益，重点用于提供社会保障、公共医疗、基础教育等公共产品，支持经济欠发达地区和弱势群体；而金融以效益为己任，有些政策性金融兼顾公平，对效益好、发展前途好的企业和项目，不仅国有银行，地方银行都会主动支持，以确保银行资金的安全，至于经济效益不好或者经济风险比较大的项目，银行一般会避而远之，要得到银行的支持难度大。从无偿和有偿的关系上看，财政以无偿为主，不以营利为目的，以体现社会效益；金融以有偿为主，甚至可以说没有无偿的，即使国家要求给予无偿贷款，也需要财政给予贴息，经济效益是金融追求的目标。从"雪中送炭"和"锦上添花"的关系上看，财政以"雪中送炭"为主，主体支持困难群体和弱势群体，帮助解决困难，一旦经济或企业出现大的困难，财政会主动帮扶解困，给企业送温暖；而金融以"锦上添花"为主，经济形势好、企业效益好，金融会主动送款上门，一旦经济或企业有风吹草动，银行出于风险的考虑，就会紧收银根，强行收回贷款，等等。从财政政策和金融政策的关系看，财政政策和金融政策各有侧重，金融政策代替不了财政政策，财政政策也代替不了金融政策，财政政策和金融政策都是国家宏观调控的重要手段。

既然金融政策代替不了财政政策，财政始终处于社会矛盾的焦点上，但财政也有自己的作用边界，有自己的作用范围。否则，财政就会越位、缺位，甚至错位，偏离公共财政的运行轨道，财政作用的发挥就会偏离方向。一方面，财政的作用要以不与民争利为原则，要处理好政府与市场的关系，凡是有利的，市场能够作用得到或作用得比较好的地方，就要发挥市场机制的作用，让市场主动去调节，从而发挥市场在资源配置中的决定性作用。那些市场作用不到或市场不愿作用的地方，如提供公共产品，调节区域经济社会发展，促进城乡统筹，维护弱势群体的利益，等等，这些存在市场缺陷的地方，财政要积极主动全力介入，使政府和市场有合理的分工，以保持市场健康平稳运行。另一方面，财政的作用要以不扭曲市场竞争为原则。公平竞争是市场经济的基本原则，而财政的作用实质是财政对市场经济的干预，把市场"无形的手"和政府"有形的手"结合起来，但这种结合不能违背市场规律、破坏公平竞争。财政制度的制定和政策的出台，必须一视同仁，体现公平的原则，使市场主体都能共享政策的优惠，任何对国有企业的财政政策倾斜实质是对非国有企业的歧视，反之亦然，都会扭曲市场竞争，不符合市场经济的发展。

根据财政作用机理要求，如何发挥财政的职能作用，必须根据财力，区分轻重缓急，妥善处理需要和可能的矛盾，量力而行，发挥好公共财政的作用，保障好经济社会的正常运行。

首先，财政要保障关乎民生的事项。改革和发展的目的是为了满足人民群众日益增长的物质文化和精神文化的需要，而财政是保障实现这一目的的重要手段。公共财政就是为社会提供公共产品，满足社会公共需要，其本质特征就是民生财政，主要包括基础教育、公共卫生、社会保障、环境保护等公共需要，这些公共需要和城乡居民的生活息息相关，财政首先要保障。当然，财政保障的公共需要必须是基本的，和各地的经济社会发展、生活水平是相适应的，不能不切合实际提供民生支出，否则，民生财政是不可持续的，是难以保障的。

　　其次，财政要支持关乎发展的事项。发展是民生的基础，没有经济的发展而谈民生，只能是纸上谈兵，这也印证了经济决定财政、财政反作用于经济的经济学基本理论。经济是源，财政是水；经济是本，财政是末。没有做大经济的"蛋糕"，就没有财政的切"蛋糕"。当前，财政必须把经济社会发展作为改革开放的第一要务，放在突出位置。大到宏观环境的改善，对道路、桥梁、码头等基础设施建设，财政要给予支持，以改善经济发展的环境，提高区域的竞争力；小到微观环境的改善，对企业发展中遇到的用地难、融资难、招工难等生产要素制约，财政也要积极支持，减轻企业的负担，为企业创造宽松的发展环境。

　　最后，财政要服务关乎大局的事项。做财政工作必须要有大局意识，围绕大局做工作，这样，财政工作才能抓住重点。对关乎大局的工作，财政必须服务好。从中央财政看，国家的安全、社会的稳定，关乎国家的政局，财政要提供保障；对南水北调、西气东输等重点建设，关乎国家的发展战略，财政要提供支持。同样，从地方财政看，如大西北的扶贫、老百姓的饮水难等关乎民生大局，财政要给予支持；对东部沿海，环境的治理、城市交通的改善、流动人口的管理等关乎民生大局，财政也要主动给予支持。

　　当然，财政保障和支持的不仅仅是这些，随着公共财政职能的扩大和财政保障能力的提高，财政作用的范围和领域会更广。对有些支持，凡是市场自身能够调节，财政要主动退出，让利于民，以避免财政职能的"错位"。

拓宽职能善理财

　　生财、聚财、用财是财政的基本工作，是财政职能作用的主要范围。生财、聚财、用财三者互相联系，密不可分，不可或缺。生财是基础，聚财是手段，用财是目的，有"生财有道、聚财有方、用财有度"的要求。也就是说生财要可持续，保持经济平稳发展，确保财政收入有来源，这是做好财政工作的基础；聚财要有办法，要依法处理好国家、企业、居民的收入分配关系，为财政收入提供保障；用财要"量力而行，尽力而为"，满足经济社会发展的需要。围绕生财、聚财、用财的要求，我国各级财政部门与时俱进、锐意创新，积极发挥财政的职能作用，有力地推动了我国经济社会发展。

　　随着经济社会的发展，公共财政作用的范围不断拓宽，财政资金的供需矛盾越来越突出，对财政的要求越来越高，而由于受传统理财观念和政策的约束，财政理财受到限制，职能范围受到束缚，产生了不必要的矛盾、不必要的困难，影响了财政资金使用效益的提高，财政职能范围的拓宽。如政府负债与财政性资金结余的矛盾。随着公共财政职能的不断拓宽，公共财政不断向农村、向欠发达地区、向经济社会发展的薄弱环节延伸，财政支出的规模和增长比例不断提高，地方政府事权和财力的不匹配，财政资金的供需矛盾突出，大量的负债是不争的事实。政府负债不仅要还本，而且要付息，且代价高，最终的负担者是财政，财政压力大，不少地方债务还本付息已成为财政的沉重负担。而与政府债务相对应的是，地方政府还有大量的财政性资金结余，没有很好地被利用，如社会保险基金、住房公积金、福利基金、彩票基金等，这些资金虽然有专门的用途，但在没有使用前大量结余在账上，没有发挥出财政性资金的作用。政府负债与财政性资金结余并存，这其中的郁结如何打开，怎样统筹政府财力，合理安排，政府理财不能不考虑，财政理财面临着挑战。

又如财政资金规范管理与财政资金贬值的矛盾。随着财政管理科学化精细化的推进，财政管理先后推行了部门预算、政府采购、绩效管理、国库集中收付等改革，尤其是财政国库集中收付改革，取消了部门和单位的银行账户，财政资金集中到国库，由国库单一账户收付，这避免了财政资金使用上"雁过拔毛"现象的发生，确保了财政资金的安全。但是，财政国库集中收付以后，原来分散的财政性资金集中到国库、结余在国库。财政管理规范了，又出现了通货膨胀和资金贬值的矛盾。在不违背政策又确保财政资金安全的前提下，如何运用好财政结余在国库的库底资金，财政理财面临新的挑战。

以上这些，都需要财政突破条条框框的束缚，创新机制，拓宽财政理财领域，开创财政工作新局面。

如何破解财政资金管理上的难题，拓宽政府理财的领域，银行理财提供了许多很好的经验。随着我国改革开放的深入和经济的发展，金融在国民经济社会发展中的地位日趋重要，金融不仅为经济社会发展提供资金支持，更重要的是金融业已发展成为国民经济的支柱产业，为国家提供了大量的财政收入，这跟金融业的理财领域拓宽是分不开的。这些年来，银行除了稳固扩大传统的理财产品，主要是存贷款业务外，重点开创了证券、保险、信托、租赁等新的理财领域，积极开展委托理财、代理理财等理财形式，银行的业务得到新发展，加速了银行资金周转，提高了银行资金使用效益，既支持了经济发展，又使银行业得到了快速发展、快速壮大、快速拓宽。

俗话说"巧妇难为无米之炊"。有了"米"，能不能当好巧妇，会不会理财，是完全不同的两个概念。同为资金管理部门，虽然财政资金和银行信贷资金的性质不同，但资金使用的结果是相同的，都是为了提高资金的使用效益，无非财政主要重视社会效益而已。可见，财政部门作为替政府理财的部门，在不违背国家有关政策和确保资金安全的前提下，必须给政府作好参谋，当好"巧妇"，学会理财，学会以财生财，拓宽财政的理财领域，为经济社会发展提供更多的财力保障，发挥好财政的职能作用。

第一，要开展委托银行理财。财政存款一直是银行信贷资金的重要来源，也是各家银行争取资金的重要方面。公共财政管理改革以后，财政性资金实现了集中管理，如果仅仅将财政资金存在银行，虽然资金的安全没有问题，但通货膨胀给资金带来的损失是不可避免的。如果管理不当，还会出现挪用财政资金现象的发生，不仅会造成财政资金的损失，而且还给财政部门带来廉政风险。因此，在确保资金安全的前提下，为避免通货膨胀给财政资金造成的损失，实现财政资金的保值增值，一个可行的办法是实行竞争性存款，将暂时不用的财政资金委托银行理财，确保财政资金最大限度地保值增值。即财政部门根据暂时不用资金时间期限的长短，由各个银行通过公开竞争，将活期存款变为定期存款，存放到既安全又收益高的银行，提高财政性存款的收益，实现财政资金的保值增值。

第二，要发展信托理财。信托理财和银行存款相比，虽然存在一定的风险，但收益稳定又高，且风险基本是可控的。对一部分暂时不用、闲置时间相对较长的财政资金，可以委托银行建立信托基金或参与银行建立的信托基金，用于竞争性项目，支持经济发展。这样做，除了保障财政资金的保值增值外，更重要的是财政通过参与信托基金的运作，可以保障信托基金的投向，用于经济社会发展更迫切更需要的项目，在一定程度上确保和实现政府的政策目标。

第三，要用于政府投资。保障政府投资是财政的重要职能，随着我国经济建设的推进，道路交通、电力通信、港口码头等基础设施建设需要大量的资金，许多项目建设需要政府提供一定的资金保障，而这些项目的共同特点是建设周转长、收益比较稳定，如果完全依靠银行贷款，政府负担重，未来的还款压力大。而有些财政性资金，如社会保险基金等，闲置时间长，保值增值困难，政府在能保证这些基金正常运行的前提下，完全可以使用这些财政性资金的一部分，用于基础性的政府投资项目，既可以减轻政府筹资的负债压力，又能增加财政性资金的投资渠道，实现财政性资金的保值增值，达到一举两得的效果。

第四，要引导银行投资。财政资金作为政府资金，最大的功能是政策功能，发挥"四两拨千斤"的重要作用。对一些结余的财政资金也可以发挥政策效应，把财政政策和银行信贷政策有机结合起来，引导银行信贷资金的使用，以实现政府的政策目标。如当前中小企业融资难、费率高，给中小企业的发展带来了很大的困难，财政可以将闲置的资金存放银行，专门用于中小企业贷款。又如支农贷款，由于贷款分散，利率又比较低，银行一般不愿意把资金投放用于支持"三农"发展。财政可以将闲置资金的财政存款和银行的支农贷款的比例挂钩，引导银行信贷资金投向"三农"，支持"三农"发展。

如此等等，政府理财是一篇大文章，仅仅围绕"生财、聚财、用财"做文章是不够的，有许多领域需要拓宽，有许多方法需要创新。各地要在保障财政资金安全的前提下，通过试点，积累经验，不断实践，扩大财政的理财领域，提高财政资金的使用效益。

牢牢把握财政宏观调控的着力点

俗话说：既要埋头拉车，又要抬头看路，这对财政工作来说尤为重要。财政工作的性质决定了，一方面，财政工作千头万绪，连接着经济社会的方方面面，关系到各行各业和千家万户，做财政工作必须兢兢业业，实事求是，来不得半点马虎；另一方面，财政是政府的财政，是国家路线、方针、政策的体现，是为国家实现职能提供政策支持和财力保障的，财政必须体现国家的意志，体现社会的需求和人民群众的需要。

改革开放以来，尤其是分税制财政体制改革以来，我国财政按照市场经济条件下公共财政改革的要求，不断完善省分税制财政体制，将财力重点向中西部地区和向经济欠发达地区倾斜，既增强了中央财政的调控能力，又促进了区域经济的协调发展和基本公共服务的均等化；不断深化公共财政管理改革，先后推出了部门预算、政府采购、财政国库集中支付等公共财政管理改革，建立了财政预算编制、执行、监督相分离公共财政运行机制；不断优化财政支出结构，将财力重点向民生倾斜，实现了公共财政的民生转型，等等。这些财政改革举措的推出，使公共财政的职能作用在社会主义市场经济条件下得到有力的发挥。

当前，经济形势复杂多变，全球经济还没有从金融危机的阴影中走出，又遇到了欧洲债务危机，我国经济的发展也不能独善其身，面临严峻的挑战。在这种情况下，2012 年中央经济工作会议提出"稳中求进"的发展战略，将经济发展的重点放在"稳增长、调结构、控通胀、保民生、促和谐"上。

要做好财政工作，发挥好财政的职能作用，为经济社会发展提供财力保障，开创财政工作新局面，财政工作任重而道远。

首先，必须把发展当作财政工作的第一要务。经济决定财政，财政反作用于经济。经济是源，财政是水；经济是本，财政是末。没有做大经济的"蛋糕"，就没有财政的切"蛋糕"。"稳中求进"不是不要发展，而是要把发展建立在可持续上，转变经济发展方式，把发展的重点从以外需为主转为外需和内需并重上。各地必须结合实际，按照国家的发展战略和"十二五"规划的要求，利用现有的资源禀赋，发挥好财政资金"四两拨千斤"的导向作用，把资源优势转化为经济优势，做好发展的文章，为财政提供充足可分配的"蛋糕"。

其次，必须把保障民生当作财政工作的主要作用点。改革和发展的目的是为了满足人民群众日益增长的物质和精神文化需要。当前，财政的民生保障总体还是低水平的，离社会的需求和百姓的需要还有很大的距离，各地必须把保障和改善民生作为财政工作的出发点，把财政支出的重点用于民生，以真正实现"学有所教、劳有所得、病有所医、老有所养、住有所居"。当然，改善民生也要量力而行，因为民生支出具有刚性的特点，可上不可下，否则，保障民生也是不可持续的，会陷入"巧妇难为无米之炊"的境地，引起社会的不满和社会动荡。

第三，必须把科学理财贯穿于财政工作的始终。公共财政的基本原则是"取之于民，用之于民"，即"用众人的钱办众人的事"，这要求财政理财必须讲究绩效，把钱用在"刀刃"上，把财政绩效理念贯穿于财政工作的始终，做到"不该花的钱不花，该少花的不多花"，发挥好财政资金的经济效应和社会效应。

第四，必须把财政监管这根弦牢牢绷紧。财政监管是财政稳定运行的保障，各级财政部门必须加强财政制度建设，全面推进部门预算、政府采购、财政国库集中支付等公共预算制度，以确保财政管理的科学化、精细化，做到财政资金使用之前有预算、政府投资项目预算有审核、财政资金使用结果有评价。对违反财经纪律，给国家财政资金造成损失和浪费的，要坚决予以查处，以确保财政制度的严肃性，做到财政资金的运行始终有监管，实现财政资金的安全运行。

第五，必须严格掌控财政风险。财政是市场经济下政府进行宏观调控的主要手段，市场经济运行始终存在不确定性，这决定了财政的不确定性，政府财政始终要有危机意识，要按照"收支平衡，略有结余"的理财原则，留有余地，以确保财政发展的可持续性和运行的稳定性，把财政风险控制在可控的范围内。绝不能为了一时的政绩，而不顾财力的可能，大干快上，大搞财政赤字，政府大规模负债，加剧财政风险，给未来的财政发展留下隐患。

财政支持文化产业发展
有理又有据

　　文化是文明的标志，也是文明的体现，是一个国家经济社会发展影响力和软实力的表现，体现了一个国家的综合实力。而文化产业的发展是文化发展的重要方面，大力发展文化产业，提高文化产业的市场竞争力和影响力，是国家经济社会发展的必然要求。党的十七届六中全会通过的《中共中央关于深化文化体制改革　推动社会主义文化大发展大繁荣若干重大问题的决定》，提出发展文化产业是社会主义市场经济条件下满足人民多样化精神文化需求的重要途径，要按照全面协调可持续的要求，推动文化产业跨越式发展，使之成为新的经济增长点、经济结构战略性调整的重要支点、转变经济发展方式的重要着力点，为推动科学发展提供重要支撑。这一要求明确了我国文化产业发展的目标要求，指明了文化产业的发展方向。

　　发展文化产业必须理清文化产业和文化、公益性文化事业的关系，文化产业和文化、公益性文化事业有着内在的不可分割的必然联系。从文化产业与文化的关系看，文化是文化产业的基础，文化产业是文化的发展。文化产业是文化与产业的结合，没有文化就无所谓文化产业，文化的多样性、丰富性、先进性、时代性决定了文化产业的发展的前景性、市场的竞争性、大众的普及性、内容的广泛性；而文化产业又推动了文化的发展，丰富了文化的内涵，扩大了文化的影响力。当然，文化和文化产业之间也有矛盾，光有文化，没有文化产业的发展，文化的发展就会受到限制，文化对经济带动、对民生改善的作用就得不到发挥，但是，文化过度产业化，依赖于文化的文化产业过度发展，也会破坏文化。从文化产业与公益性文化事业的关系看,两者之间既是并列的关系,又是包含与被包含的关系。一方面,文化产业与公益性文化事业之间存在并列的关系,文化产业包括新闻出版、影视制作、文化创意、动漫游戏等,文化事业包括文化保护、文化交流、文化馆、图书馆、博物馆等,两者共同构成文化的内涵,共同推动文化的发展、文化的繁荣。另一方面,文化产业与公益性文化事业之间存在包含与被包含的关系,两者的划分没有天然的界限,可以互相转换,如城市公园,政府免费向社会开放,就属于文化事业,而政府把公园作为旅游景点收费,就属于文化产业;有些即使可以转换,但政府为了公共职能的需要也不允许转换。如博物馆,政府可以办成文化产业向社会收费以维持博物馆的运行,但政府为了文化的传承,提高居民的文化素质,应该而且必须免费向公众开放,把博物馆办成政府公共财政提供保障的文化事业。有些文化产业由于政府受财力的限制在有些地方办成了文化产业,将来随着财力的增长,又完全可能转为文化事业,如城市游泳馆、足球场等文化体育场所;有些文化产业由于缺乏市场竞争机制有些地方办成文化事业,将来完全可以走向市场办成文化产业,如文化演出团体等。

在社会主义市场经济条件下,要充分发挥市场机制在资源配置中的基础性作用,凡是市场能够作用或作用比较好的,政府就不要介入或很少介入,政府公共财政作用的基本原则是不与民争利。只有市场作用不到或作用不好的地方和领域,政府公共财政才要主动积极介入。文化产业所具有的公共性、社会效益性、正外部性等特点,决定政府公共财政适度介入文化产业领域,支持文化产业发展的必要性。政府制定和出台支持文化产业发展的财税政策是符合公共财政发展要求的,财税支持文化产业发展是有政策依据的。

第一,文化产业发展须注重社会效益。文化产业是文化和产业的结合,和公益性文化有共同的特点,必须注重社会效益。党的十六大将文化建设分为文化事业和文化产业,并就文化事业和文化产业发展提出了要求,突出了社会效益,指出"发展各类文化事业和文化产业都要贯彻发展先进文化的要求,始终把社会效益放在首位"。党的十七大提出,要推进文化创新,增强文化发展活力,"始终把社会效益放在首位,做到经济效益与社会效益相统一"。十七届六中全会进一步提出,发展文化产业"必须坚持社会主义先进文化前进方向,坚持把社会效益放在首位、社会效益和经济效益相统一"。在我国社会主义制度下,根据我国文化产业发展方向的要求,发展文化产业必须在社会效益的前提下,注重经济效益,把社会效益和经济效益有机结合起来。文化产业的社会效益性,决定了政府公共财政支持文化产业发展的必要性。只有政府财政支持、国家政策鼓励，一些社会效益好而经济效益一般，甚至没有多少经济效益的文化产业才能得到发展。

第二，文化产业具有准公共产品的特性。公共财政的基本职能是提供公共产品，满足社会公共需要。而社会产品又有公共产品、准公共产品和私人产品之分，公共产品由于具有排他性、非竞争性和效益的不可分割性的特点，应该由政府提供；而私人产品由于具有竞争性特点，完全可以由市场来提供；介于公共产品和私人产品之间的准公共产品或半公共产品则由市场和政府共同提供。文化产业和文化事业没有天然的区别，两者之间存在内在的必然联系，许多文化产业生产和提供的文化产品具有准公共产品的性质。如文化资源的市场开发必须在文化保护的前提下进行，否则就会破坏文化资源，而文化资源的保护就属于文化事业，这就决定了文化产业发展不能完全依靠市场，也不能仅仅依靠政府，必须把两者有机结合起来。文化产业所具有的准公共产品性质，要求文化产业的发展必须把市场"无形的手"和政府"有形的手"结合起来。财政政策的支持是和准公共产品的发展相一致的，也是符合公共财政的基本职能要求的。公共财政积极介入文化产业有利于推进文化产业的发展。

第三，文化产业具备正外部效应的要求。物质文明和精神文明两手抓、两手都要硬，这是我国社会主义现代化建设始终坚持的方针。物质文明是基础，精神文明是保障，没有精神文明，物质文明就会偏离方向，失去动力。而文化产业提供的是精神产品，可以引领社会发展方向，帮助社会成员形成正确的世界观、人生观、价值观，提高国民的整体素质和辨别是非能力，推进和谐社会建设和社会的和谐发展，拥有无形的精神力量，是其他社会产品无可比拟和不可替代的。显然，文化产业的精神产品属性决定了文化产业的正外部效应，即文化产业从事的经济活动能给他人带来利益，利益是外溢的，能够带动其他行业的发展，提升国家的"软实力"，正外部效应明显。根据外部效应理论，为了确保正外部效应和资源配置效率，避免正外部效应带来资源配置的扭曲，对文化产业正外部效应得不到的利益补偿，政府公共财政应通过财政补贴等形式给予弥补。

第四，文化产业存在市场失灵的风险性。市场经济是风险经济，风险无处不在，而市场经济又通过市场竞争的作用，自动地调节经济风险，以确保资源的有效配置。但市场在资源配置过程中，也存在市场失灵或市场缺陷，这种市场失灵任由其发展，会导致市场资源配置的扭曲，破坏市场秩序和市场运行规则，需要政府的调控，实现经济的平稳运行。文化产业虽然有经济效益，有些文化产业甚至经济效益很高，但不少文化产业也是高投入、高回报、高风险的产业，投资的规模大、回报周期长，一般企业不愿意投资或没有能力投资，而文化产业又是社会不可或缺的，既是满足国民文化生活需求的需要，又是一个国家经济实力和世界影响力的体现。在这种情况下，发展文化产业需要发挥政府的调控作用，引导文化产业的发展，通过政府财政政策的支持，弥补市场失灵。

第五，文化产业发展的潜在性和市场关联性。文化产业作为环保产业、绿色产业，是改善经济结构、转变经济发展方式、实现经济又好又快发展的战略选择，是提升我国综合国力、增强国家竞争力的重要力量，在我国的发展方兴未艾，潜力巨大。"十二五"期间乃至今后都要尽快发展文化产业，使之成为国民经济支柱产业。同时，文化通过传播具有很强的渗透力，文化产业的市场关联度高，能够渗透到国民经济的各行各业，与制造、信息、旅游、包装、建筑等产业实现有机融合，提升产业竞争力，符合产业发展要求。文化产业发展的潜在性和市场关联性决定了文化产业未来的发展前景，而这种发展前景的实现需要国家有力的政策支持。财政政策是国家产业政策实施的有力保障，对产业政策的执行起着引导和支撑作用。如果政府限制和淘汰的产业是公共财政政策所限制和不予支持的产业，那么政府鼓励和发展的产业就是公共财政政策支持和政策倾斜的产业。文化产业发展符合经济发展要求，是产业结构调整的战略选择，在我国有广阔的发展前景，是政府需要大力支持的产业，公共财政政策有重点、有选择地支持文化产业发展理所当然，符合国家政策要求。

财政节流探路子

　　不当家不知道柴米油盐贵。财政收入来自 GDP 的创造，在 GDP 既定的情况下，财政收入是有限的，而民生事业发展需要财政支持，经济稳定运行需要财政保障，城乡统筹需要财政支撑，区域均衡发展需要财政的扶持，财政支出是无限的，财政收支的矛盾始终存在。在财政收入既定的情况下，打破财政收支矛盾，实现财政平稳、持续、健康发展，财政节流是唯一的选择。控制好财政预算，树立过"紧日子"的思想，把"一分钱当作两分钱使用"，把钱用在"刀刃"上，用在最需要的地方，"小财政"也能够办好"大民生"。

　　为民理财，节约高效，财政没有选择，财政唯有如此，才能体现财政的本质、财政的精神，这是财政神圣的使命。

财政预算难 "预算"

　　财政预算是政府的财政收支计划，决定着政府收支规模和活动的范围，是政府职能实现的基础和财力保障。每年的八九月份是一年一度的财政预算时期，政府各级财政和各个部门就要开始酝酿和编制政府财政预算和政府部门预算，财政往往又要成为矛盾的焦点和问题的所在，政府的财力始终难以满足财政支出的需要。年年预算年年 "难"，财政预算难 "预算"。

　　仅仅凭财政部门说预算 "难"，政府各部门和单位往往是不理解或难以理解的，因为他们总以为财政收入快速增长，政府财力规模不断扩大，财政的日子是好过的，财政预算安排是简单而又轻松的。但 "小有小的难，大有大的难"，财政预算的这种 "难" 政府财政是深有体会的，财政预算编制有难念的 "经"，难说的 "苦"。一是法定支出保障 "难"。我国的《农业法》、《教育法》、《科技进步法》等都明确要求，财政每年对农业总投入、对教育的拨款、用于科学技术的经费的增长幅度应当高于财政经常性收入的增长幅度。国家从法律的高度要求财政预算要满足法定支出需要。二是政策保障 "难"。除了法定支出外，医疗卫生、环境保护、计划生育、文化宣传、扶贫等方面，中央和地方的政策法规也规定了相应的要求，要么规定支出增长超过经常性财政收入增长，或者规定占财政支出的比例，或者规定占 GDP 的一定比例。要求财政预算给予保障。三是各种考核保障 "难"。"文明城市"、"卫生城市"、"体育强县"、"生态强县" 等各种考核，国家都有统一的标准，对地方财政都有财力保障的要求。地方为了加快经济社会事业的发展，扩大知名度，改善投资环境，地方政府总要在各种考核中为地方争取荣誉，就相应需要财力的预算保障。四是各种政策的配套"难"。在我国财政转移支付中，除了一般性转移支付外，大量的是专项转移支付。中央和省财政下达给市、县的财政专项基本上要求市、县有相应的财政资金配套，否则地方是很难拿到财政专项的。一些地方政府不管财力有没有保障，总要想方设法争取中央和省财政专项，相应就要安排财力作保障，使紧张的财政预算更加难安排，等等。没有一个部门和单位说是要压缩预算支出的，没有一个部门主动提出要减少预算的，这样，就把难题推到财政，集中到财政，财政预算的"难"就应运而生。

如果这些支出都要满足，财政即使有"三头六臂"也举步维艰，难有作为，因为"巧妇难为无米之炊"。可站在部门的立场上，部门的这些需求都是可以理解的，都是为了加快推进经济社会事业发展的需要，因为在社会主义初级阶段，国家的基础设施建设需要财力保障，农业基础地位的巩固需要财力保障，社会保障制度和体系建设需要财政保障，医疗体制改革需要财力保障，教育、科技、卫生、文化、体育事业的发展需要财力保障，环境的改善和治理需要财力来保障，等等，改革和发展的任务依然艰巨，政府提供的公共服务和社会的需求还有不少的距离。但是，财政部门作为政府的综合部门，政府理财的操作者，是矛盾的焦点，面对需求无限和财力有限的矛盾，财政必须"跳出财政看财政"，财政预算的编制必须统筹兼顾，要根据经济社会事业发展的轻重缓急，量力而行，合理安排，实现经济社会事业的可持续发展。

第一，坚持按"收支平衡"的理财思路安排财政预算。"收支平衡"是政府理财的基本原则，也是政府财政预算编制的指导思想。虽然财政平衡是暂时的，财政不平衡是长期的，但从动态的角度看，财政仍然是平衡的。当然，在经济发生困难的时候，国家为了刺激经济发展，也要实施积极的财政政策，允许财政赤字，增加债务，扩大政府支出。一旦经济回升，政府财政政策就需要转型，从积极转为稳健。这更多是从中央财政的角度分析，因为中央财政有这方面的调控职能，可以允许财政赤字，允许负债，中央财政也有弥补财政赤字的手段。从地方看，我国的预算法和正在新修订的预算法都对政府财政作了明确的要求，地方政府财政要保持收支平衡，地方政府不能发生财政赤字，发行政府债务。更何况我国目前不仅中央财政，甚至地方财政都存在大量的负债，债务规模已突破10万亿元。政府债务也是有底线的，不能无限扩大，因为债务也是一把"双刃剑"，使用不当是会出问题的，欧债危机就是深刻的教训。因此，政府编制财政预算，必须以预算法为统领，同时考虑各项法定支出，以及政府的政策目标，在"收支平衡"的前提下编制财政预算，以确保财政持续、平稳、健康发展。

第二，合理界定政府财政的职能范围。政府财政职能范围是财政预算的基础，也是财政预算的作用范围。虽然我国近年来财政形势比较好，每年财政收入的增长大大超过 GDP 的增长，以两位数的增长速度在增长，但仍然难以满足政府财政支出的需求，这就需要从政府的职能范围找原因。早在1998 年我国就明确财政改革的目标是建立公共财政，为社会提供公共产品，满足社会公共需要，但对公共财政的作用范围始终界定不清，经济发展、社会事业的发展都需要财政的介入，财政成了名副其实的"消防员"，疲于应付，以至于社会形象地概括"公共财政是个筐，什么都可以往里装"，再多的收入也难以满足支出的需要，财政的困难是难免的。要避免财政预算困难，使财政能够轻装上阵，还是要从政府财政的职能着手，区分政府和市场的界限。市场经济必须发挥市场配置资源的基础性作用，树立"大市场、小政府"的理念，凡是市场能够作用到的地方、作用到的领域，必须发挥市场机制的作用，政府千万不能越俎代庖、与民争利。只有市场作用不到或者市场不愿作用的领域，政府财政才能积极主动介入，确保政府职能的回归，也只有这样，政府财政预算才能走出困境，实现"花小钱，办大事"的政策目标。

第三，统筹政府财力编制财政综合预算。财政收入通常指一般预算收入，主要由各种税收收入组成，而政府的财力除了一般预算收入外，还有大量的政府性基金收入，以及各种非税收入，土地出让金就是其中重要的一项。从 2011 年开始，按照财政部的统一要求，我国取消了预算外收入，将所有的预算外收入纳入预算，这是规范预算管理、统一政府财权的需要。将预算外资金纳入预算管理各地的做法是不完全一样的，有的地方纳入预算内管理，有的纳入政府基金管理，这样，各地财政收入的口径、收入的结构是不一样的，但无论如何这些财政资金都是政府财力。长期以来，政府财政预算编制主体是一般预算收入，局限于预算内的财力，政府预算往往捉襟见肘，办许多公共事业"心有余而力不足"，其实这和政府财力的组成是不一致的。各级政府安排预算就不能仅仅局限于预算内的财力，要将政府的财力综合考虑，统筹安排，编制综合预算，将分散的财力变为集中的财力，集中财力办大事，确保政府政策目标的实现。

第四，按轻重缓急安排政府预算。在政府财政收入有限，而社会对政府财政支出的需求无限的前提下，财政不能无限满足，否则，财政就会发生"寅吃卯粮"，给财政预算安排带来压力。财政只能有所为有所不为，抓住重点，学会"弹钢琴"，按轻重缓急来安排预算。这里的轻重缓急必须和政府当前的工作重点和地方经济社会发展的重点结合起来，必须和地方的实际结合起来。不同的地方、发展的不同阶段，社会经济发展的重点也是有所区别的，如有些民生支出在有些地方是重点，而有些地方已不是问题，甚至已经实现。因此，财政预算只能根据财力的可能，在基本满足教育科技、医疗卫生、社会保障、公共安全、环境保护等民生需要的前提下，不同时期、不同阶段有重点地满足不同需要。对教育、农业、科技等法定支出财政预算要基本满足需要；对每年人代会上通过的决定，政府要实现的工作目标，财政预算要给予保障；对政府的行政支出，各政府部门的会议费、汽油费、出国费等"三公"经费要严格控制，甚至要尽量压缩；对有些能够通过市场机制发挥作用的领域，政府不能也不应该包办，应尽可能发挥市场的作用，财政只能给予一定的预算支持，发挥财政资金的导向作用，引导社会财力的投入，如道路交通等基础设施建设。当然，一些财政困难地区，对法定支出政府预算如果不能全部保障，财政只能在不同年份有重点地给予保障，或者有重点地保障其中必须保障的重点支出，把财政资金用到最需要的地方和方面，满足社会公共需要。

第五，把预算绩效评价作为政府预算的依据。无偿性是财政资金的基本特征，这是财政资金与银行信贷资金的本质区别，这也使一些部门和单位长期以来形成了使用财政资金不讲效益、财政资金不用白不用的错误观念。其实，财政资金来自于纳税人缴纳的税收，使用财政资金必须讲究效益，不该用的财政资金绝不能用，不该浪费的财政资金绝不能浪费，把财政资金用到最需要的地方，最有效益的地方。为了确保财政资金的合理使用，财政预算绩效管理是有效的手段。各级财政部门应该加强对预算资金使用的绩效评价，扩大评价的范围。预算绩效评价不能光评好的，更要评不好的，否则，预算绩效评价就失去了价值。同时，要把预算绩效评价结果作为财政预算安排的重要依据，对使用效益不好或使用效益不高的项目，财政预算要予以核减；对财政资金长期不用或有大量结余的要收回财政；对确实没有必要保留的项目要予以取消或合并，以发挥好财政资金的作用，提高财政资金的使用效益。

第六，努力创造和谐的预算环境。党的十七大以来，按照构建和谐社会的要求，政府财力的 2/3 以上已用于民生，用于支持与百姓生活息息相关的民生事业，公共财政已成为真正的民生财政。而预算法明确要求政府财政预算要收支平衡，在这种情况下，中央和地方各级党委和政府出台的有关政策法规、决议决定，凡涉及到政府财政的，对财政应该有原则的要求，要求财政增加预算的投入，但不应该制定具体的定性的要求，要求财政在某些方面和领域支出的具体比例，以给财政预算安排留有空间。否则，财政预算不能满足，既影响了国家政策法规的严肃性，也给政府预算编制带来困难。同时，对中央和省级财政要求市、县财政预算资金配套的，原则上要减少市、县财政资金的配套，非要配套的，也要有所区别。对经济发达、财政富裕地区，财政配套的比例可以适当提高，而经济落后或经济欠发达地区，财政配套的比例要降低，甚至不配套，以给经济落后或经济欠发达地区有休养生息的机会，促进区域均衡发展。

严控财政支出正当时

"机不可失，时不再来"。改革就是对现有制度的完善并进行制度创新，以推进经济社会发展。改革的制度创新需要支付一定的成本，可能会使部分地区或部分人的利益受到损失，另一部分地区或部分人的利益得到弥补，如何以最小的成本获取最大的收益，这是衡量改革成败的关键。在这个过程中，正确把握机会十分重要，只有抓住了机会，才能减少改革的成本，促进改革的成功，实现制度创新。我国改革开放30多年，取得了举世瞩目的成就，实现了中华民族的伟大复兴，也进一步说明了这个道理。如作为经济体制改革核心的价格改革，在当年我国物价的"双轨制"体制的情况下，价格关系扭曲，价格不能反映价值，计划价格和市场价格并行，如果国家在通货膨胀的前提下，推出价格改革，只能是价格越涨越高，价格更加扭曲，反而助推了通货膨胀；国家只有在价格低迷，物价平稳的前提下，推出价格改革，市场才能接受，社会才能接受。我国价格"双轨制"的突破，价格改革的成功，价格关系的理顺就是在抓住价格运行规律的基础上取得的。

我国的财政改革亦如此，从财政"分灶吃饭"，到分税制财政体制，再到和社会主义市场经济体制相适应的公共财政体制建立，很多财政改革措施的推出、管理政策的出台，都是抓住了改革的机会，借机推出、借力推进，取得成功、取得成效的。如我国预算外资金的收支两条线管理，很大程度上借助纪委的力量，在纪委的大力支持下推出，把预算外收支分开，纠正了部门和单位既当裁判员又当运动员的弊病，避免了部门和单位在收入分配上的"苦乐不均"，维护了财经纪律，加强了廉政建设。又如我国中央各政府部门"三公"经费的公开，很大程度上借助人大、政协的力量,在人大代表和政协委员的监督下推出,"三公"经费的公开从源头上控制了"三公"经费的增长,降低了政府的行政成本,使政府"为民执政"理念得到贯彻,提高了政府的公信力。再如我国不少地方政府部门的公车改革,就是借助社会舆论的力量,在社会舆论的监督下推出,规范了政府部门和单位的配车标准和用车行为,减少了政府部门的公车开支,也给"大而全"、"小而全"的政府部门"瘦身",得到了社会的肯定。此外,我国财政国库集中支付改革、现金管理的"公务卡"改革、"小金库"的治理等都是在纪委等部门的大力支持下推出的。

党的十六大以来,我国的经济一直保持平稳快速发展,GDP 平均保持在 10% 以上的增长速度,财政收入更是保持高速增长,甚至超 GDP 两倍的增长速度。财政收入的快速增长,使得各级政府有更多的资金用于经济社会发展,用于改善民生,但是,在财政有资金可支配的前提下,也使得不少地方政府、不少部门和单位,花钱大手大脚,觉得反正财政有钱,财政的钱不用白不用,拼命争取资金、争取项目,为部门和单位争取利益。财政部门想严控财政支出,有些地方政府领导不理解,部门和单位更是不理解,使得财政支出的增长一直居高不下,财政的运行也处于高度紧张的状态。但是,财政的支出不同于财政收入,财政支出有刚性需求的特点,不少支出是经常性的,一旦形成支出就可上不可下、可高不可低,否则,会影响经济社会事业的发展、影响社会的稳定、影响社会的和谐。

当前,金融危机的阴霾还没有消退,欧债危机又不断扩散和蔓延,世界经济面临更加严峻的复杂性、可变性和复苏的艰巨性,这对经济对外依存度高,又以加工工业、制造业为主的我国,尤其是我国经济先发的沿海地区带来了严峻挑战。加上国家的宏观调控,稳健货币政策的实施,土地、资金、劳动力等生产要素制约严重,使得我国经济正经受外需不振,内需继续低迷,新的增长点尚未形成等尴尬局面的考验,经济发展遇到前所未有的困难,反映到财政上,财政收入增长缓慢,有些地方甚至出现长期以来未曾出现过的负增长,财政收入形势不容乐观。在这种情况下,财政除了要更加关注财政收入、积极开辟财源外,更应该做的是抓住机遇,推进财政支出改革,严控财政支出,理顺财政分配关系。

第一,要转变思路,树立过"紧日子"的理财观念。财政是代表政府在理财,理财不仅仅是财政一家的事,各级党委和政府以及各有关部门和单位都是理财的主体,都必须树立勤俭节约、"过紧日子"的理财观念,提倡"为民理财"的思想。要知道,经过改革开放 30 多年的发展,我国已成为世界第二大经济体、世界第二财政大国，在经济"蛋糕"达到一定规模的基础上，我国经济要继续保持长期的高速增长、财政收入继续保持超经济增长，难度很大，甚至不可能，环境和资源要素也不允许。今后，经济和财政维持在一定的增长速度将是长期的、正常的现象。在这种情况下，要求我们政府的理财观念必须转变，把紧财政支出口子，把理财的重点放在财政支出上，在节约财政资金上做文章，在提高财政资金使用效益上做文章。实质上，节约了财政资金就是"花小钱办大事"，就等于或相当于增加了财政收入。换一种思路的理财同样"海阔天空"，换一种思路的理财同样能够做出大文章。

第二，要严格控制财政支出水平和标准。"没有规矩，不成方圆"，严控财政支出，必须要有制度和标准，否则，难以执行。有了制度和标准并严格按制度和标准办事，严控财政支出才能够实现。当前，一方面要及时出台严控财政支出的制度和标准。在财政困难、财政收入增长缓慢，甚至出现负增长的前提下，也往往是出台严控支出政策的最佳时机，这时候出台的政策单位和部门能够理解，而一旦制度形成了，严控财政支出，维护财经纪律也就能逐渐形成一种自觉行为。因此，要加强财政支出管理，及时出台相关的制度和政策，对一些已制定但尚未出台的支出管理政策及时出台，对一些将来需要但尚未制定政策的要及时制定。同时，出台的政策要符合我国的国情和社会消费的水平，有量化的尺度和可执行的标准。如对会议费的开支，必须规定不同性质会议的时间长短和开支标准；对公务接待，必须明确食宿的标准；对公务用车，必须明确配备公务用车单位的资格，配车的标准和价格额度，等等，便于部门和单位执行，使政府的支出"有据可依，有据可查"。这样，财政支出的水平和标准就能够控制，财政支出水平就能够降低，支出的刚性就不会被突破。另一方面，要根据财政收入的变化情况相应调整预算，建立"以收定支"的预算制度。我国各级政府和部门的预算在每年年底编制，年初人代会通过以后开始执行，预算基本是按"以支定收"的方式确定。我国的预算法和即将要出台的新预算法都规定地方政府预算不能出现赤字，也不能举债，在这种形势下，唯一解决的办法是调整预算，调低财政支出的增长比例，把地方财政赤字和举债的行为消灭在萌芽状态。逐步建立"以收定支"的预算制度，这种预算制度表面上看比较保守，但规避了地方财政的风险，有利于地方财政的持续稳定发展。

第三，要优化财政支出结构。优化财政支出结构，按结构需要严控财政支出，把财政资金用在更需要的地方，等于节约了财政资金。在社会主义市

财政热点面对面

场经济条件下，财政不是万能的，但没有财政却万万不能，这是由财政职能作用和地位决定的。保障民生需要财政，维护政权运转需要财政，改善发展环境需要财政，统筹城乡发展需要财政，推进基本公共服务均等化也需要财政，财政始终处于社会矛盾的焦点上，再多的财政收入也往往难以满足财政支出的需要，财政收支矛盾是永恒的矛盾。在收入不能或者不能很好满足财政支出需要的前提下，必须要优化财政支出结构，按照经济社会发展的需要，按照轻重缓急安排财政支出，做到"有所为，有所不为"。对保障民生的财政支出必须予以保障。改革和发展的目的是为了改善民生，而社会保障、公共卫生、基础教育等民生问题与城乡居民的生活息息相关，在考虑财力可能的前提下，按照"低标准，广覆盖，可持续"的原则，财政必须千方百计给予保障，以真正实现让全体城乡居民共享改革发展成果。对公共基础设施建设财政要给予支持。道路、机场、码头等基础设施建设，是发展经济、改善投资环境、提高竞争力不可或缺的组成部分，这些基础设施往往投资规模大、建设周期长，需要政府的介入，但这些不少是混合产品或半公共产品，投资有一定的经济效益，有些甚至经济效益不错，市场也能够起一定的调节作用，财政要积极发挥经济杠杆作用，比如注入资本金等，撬动社会资本投入推进基础设施建设。对政府的行政开支要给予控制。"小政府，大社会"，这是市场经济条件下对政府职能的科学界定，政府仅仅是充当市场经济的"守夜人"角色，配置资源的主体是市场，而过于强势的政府，就会阻碍市场机制在资源配置中的基础性作用，不符合市场经济的发展。"小政府"体现在政府的行政成本是可控的。降低行政成本，除了要严格控制政府的行政开支外，还包括党委、人大、政协等国家权力机关的行政开支，控制各权力机关的机构规模和人员编制，降低开支标准和开支范围，提高行政效率。

第四，要清理规范财政专项资金。财政专项资金是具有专门用途的各类资金，政府建立财政专项是经济社会事业发展的需要，而及时清理规范财政专项资金是加强财政支出管理、提高财政资金使用效益的需要。目前，政府的各类财政专项资金类型和种类繁多，有些规模大，有些规模小；有些是上级政府设立的，有些是下级政府设立的；有些是历史原因形成的，有些是事业发展需要形成的，有些是特种需要形成的，等等。这些财政专项资金一方面促进了经济社会事业发展，另一方面也导致了财力的分散，以至于有些项目多头申报、多头申请时有发生，有些专项甚至多年结余、长期不用，这些都影响了财政专项资金的使用效益。面对家底不清的财政专项资金，政府和财政部门应及时进行清理，对一些类型相同的专项要进行归并，对一些长期结余不用的财政专项资金要给予取消，盘活财政资金，发挥好财政专项资金应有的作用。同时，要积极推行专项性一般转移支付制度，按专项性一般转移支付的办法分配财政专项资金，规范财政专项资金管理，提高财政专项资金的使用效益。具体做法是按因素和权重将专项资金进行"切块"分配，按一般性转移支付方式下拨到地方财政和部门。浙江省从 2009 年率先在行政政法系统试点，将部门的各类专项资金归并为一个专项，省级财政年初就把财政专项资金的额度下达给市县财政和政府部门，市县政府和政府部门对每年的财政专项事先有数，就不必"跑部钱进"，可以把工作的重点用在选好项目和管理好资金上，调动地方政府和政府部门当家理财的积极性，提高财政资金的使用效益。按专项性一般转移支付制度规范财政专项资金管理，实践证明行之有效，应在试点的基础上逐步推广，使财政专项资金管理从无序走向有序，从多头管理走向统一管理，实现财政专项资金支出管理的制度创新。

第五，要全面加强财政支出绩效管理。绩效管理是财政工作的重要组成部分，是提高财政资金使用效益的有效手段，加强财政支出绩效管理实质是强化了财政支出管理，是严控财政支出的有效手段。我们知道，公共财政的基本特征是"取之于民，用之于民"，财政资金来自社会，主要是企业和居民缴纳的税收，企业和居民有权知道财政资金的使用方向和使用效果，政府无非是代理纳税人用钱，政府在财政资金筹集、分配、使用的每个环节都要精打细算，把钱用在"刀刃"上，该花的钱必须用好，不该花的钱坚决不花。而要做到这些，必须对财政资金使用的效果进行评价，这不仅有利于加强财政监管，更有利于督促财政资金使用部门和单位提高财政资金使用绩效。同时，要发挥好财政绩效评价的作用，把财政资金使用绩效的好坏，作为是否保留或取消财政专项的依据。对资金使用绩效不高，使用效果不好，或者根本不需要的专项，必须给予取消或核减。因此，绩效评价必须动真格，要注重结果应用，切实把财政支出绩效管理作为严控财政支出的政策工具。

把"小财政"办成"大民生"

　　自党的十七大提出"必须在经济发展的基础上,更加注重社会建设,着力保障和改善民生,努力使全体人民学有所教、劳有所得、病有所医、老有所养、住有所居,推动建设和谐社会"的发展目标以后,统筹经济社会发展,在经济发展的基础上不断改善和发展民生成为各级政府的主要职责。

　　按照民生建设的要求,公共财政加快了职能转换,加大了向民生领域的投入。先后建立了农村新型合作医疗制度、城镇居民医疗保险制度、新型农村养老保险制度、农村最低生活保障制度等,解决了城乡居民的后顾之忧;公共财政加大了对教育的投入,提高了教育支出占 GDP 的比重和教育支出占财政支出的比例,对义务教育的学杂费和课本费给予了减免,实现了义务教育费用的政府买单,减轻了城乡居民的经济负担;增加了农业的投入,对农民种粮、购买良种、农机给予补贴,提高了农民种粮的积极性,实现了农业增产、农民增收的同步;加大了对城市保障房和农村危房的改造,改善了城乡居民的居住条件;扩大了对农村道路交通、邮电通讯、村容村貌的投入,改善了农村居民的生活环境,实现了城乡一体化发展,等等。政府财政 60% 以上的资金,有些地方甚至超过 70% 的财政资金投向民生领域,公共财政成了名副其实的民生财政,真正体现了"权为民所用,情为民所系,利为民所谋"的执政理念,使城乡居民共享改革开放的成果。

　　但是,改善和发展民生依赖于政府财力的投入。尽管近年来我国的财政收入增长很快,财政规模也不断扩大,2011 年财政收入超过 10 万亿元,2012 年超过 11 万亿元,可称得上财政大国,然而,由于我国人口众多,13 亿的人口基数,再

财政节流探路子

33

多的财力一平均，我国的人均财力仍然很低，处于世界中下水平，即使大量的财政资金投向民生领域，财政的民生投入水平仍然很低，民生的标准也是很低的，和百姓的需求、社会的需要还有很大的距离。民生需求的无限性和财政投入的有限性矛盾始终存在。

要缓解政府财力有限而民生需求无限的矛盾，用有限的财政资金办成并办好更多的民生事业，把"小财政"办成"大民生"，提升财政的"软实力"和"巧实力"，尽管困难重重、问题多多，但只要充分发挥好财政的职能作用，科学运用好财政的经济杠杆作用，财政是有所作为而且应该有所作为的。

第一，统筹规划，做好民生财政的顶层设计。"没有规矩，不成方圆"。民生涉及教育科技、医疗卫生、社会保障、环境保护等方面，内容丰富，范围广泛，和城乡居民的生活息息相关，关系百姓的切身利益和社会的长治久安。做好民生事业不是一时之举，是长期之计，不是拆东墙补西墙，不能今天想今天的，明天想明天的，民生是政府的职责所在，该是公共财政要承担的，政府必须承担责任，以减少折腾、减少浪费。这要求做好民生事业要着眼于长远，要有长远的考虑，长期的规划，必须做到统筹规划，做好顶层设计，而这种顶层设计，首先要体现城乡一体化的要求。城乡一体化不等于城乡的平均化，由于受我国政府财力的限制，我国目前还做不到城乡平均化，但在民生制度的设计上要城乡一体化，不要人为区分城镇居民的民生制度和农村居民的民生制度，两种制度、两种身份，人为造成城乡割裂，要设计统一的制度，当然，民生的标准可以有所区别，供城乡居民选择。另一方面要考虑区域之间的均等化。由于我国区域经济社会发展不平衡的客观实际，区域之间的民生事业不可能完全统一，但民生的政策要统一，基本的制度要统一、基本的需求要一致，从而确保基本公共服务均等化的实现。同时，改善和发展民生要量力而行。脱离国情的民生事业和民生要求是不可行、不可持续的，只会助长"不劳而获"和"养懒汉"，西方发达国家也难以做到，欧债危机某种程度上就是社会福利的过度化。民生必须和财力相适应，量力而行，确保民生的可持续性。

第二，优化财政支出结构，扩大政府的民生投入。没有投入就没有发展，投入是发展的前提，发展民生事业的关键在于投入，否则，民生事业无从谈起。在政府财力有限的情况下，一方面要千方百计挤出资金增加民生投入。民生支出有刚性的特点，一旦上去了就不容易下来，这要求政府在财政预算安排上，有些项目可以不上，有些项目可以缓一点上，但民生工程、民生项目必须优先保障，财政预算必须规定民生投入的比例，并且要有所增长，把民生投入放在优先考虑的范畴，保障民生事业发展的资金来源。另一方面要优化政府的财政支出结构，调出资金转为民生投入。在财力有限的前提下，财力结构优化还是有文章可做、有潜力可挖掘的。政府预算要打破长期以来形成的"基数＋增长"的基数法的预算编制方式，采取零基预算的方式编制政府预算，对政府的一般性财政支出，尤其是政府的行政支出要压缩，主要是政府的"三公"经费，不仅不能增长，而且要有所下降，提倡节约办事、节俭办事，把降下来的资金投到民生事业中，增加民生的投入、民生的发展。同时，要区分轻重缓急，抓住民生投入的重点。民生事业千头万绪，并且各地的自然条件、经济基础、社会发展程度不一，民生需求、民生重点有所区别，民生建设必须和当地的县情、市情、省情相结合，突出重点，并根据财力的可能，抓住民生工作的重点，做到每年抓几项重点民生工程，让老百姓能够真正感受到，能够获取实惠。绝不能"眉毛胡子一把抓"，这不仅不可能，也做不到。

第三，发挥财政资金"四两拨千斤"作用，引导社会资本投资民生事业。虽然发展民生事业是政府的职责所在，是公共财政的作用范畴，但是发展民生事业政府不能大包大揽，不能无所不能，政府除了要发挥主导作用外，更要发挥社会力量、民间资本的作用，发挥财政政策的导向作用和财政资金的"四两拨千斤"作用，鼓励民间力量、民间资本参与民生事业的投资。一方面要发挥民间力量的作用，引导民间力量参与民生事业的建设。利用民间组织联系面广，群众基础好的优势，发挥他们的长处，鼓励民间组织从事慈善事业、慈善活动，政府更多从政策上给予规范，制度上给予把关，保障民间慈善活动的公益性。另一方面要吸引民间资本投资民生事业。民营经济、民间资本发展到一定程度、一定的规模，有些资本所有者，包括民营企业主为了提高知名度，扩大民间资本的影响力，愿意投资民生事业；有些民间资本所有者把民间资本的发展和社会发展、社会进步连成一体，积极承担社会责任，热心参与民生事业的投资。政府要鼓励民间资本、社会资本的社会性，引导民间资本回馈社会、回报社会，对民间资本投资社会公益事业、社会慈善事业，政府要从税收政策上给予鼓励和支持，给予相应的税收优惠。同时，要创新民间资本投资民生事业的机制，利用福利彩票、体育彩票等现代筹资方式，鼓励民间捐赠，扩大民生事业的资金来源。

第四，提高财政资金的使用绩效，实现少花钱多办事。政府的财政资金投向民生事业，政府花了多少钱，这是民生事业建设的一个方面；政府投入的资金办成多少民生工程，使多少区域、多少人口受益，这是民生建设的另一个方面。以前财政只注重前一个过程，财政的资金投入了，财政就完事了，而没有延伸到后一个过程，即财政资金的作用效果，这实质是财政工作的"缺位"。如何弥补财政职能的"缺位"，使有限的资金发挥更大的效应，办成更多的民生事业，实现少花钱多办事、办好事、办成事，财政资金的绩效管理显得尤为迫切。财政资金的绩效管理作为财政工作新业务、财政职能的新拓展，涉及到职能的重新定位，在推进过程中必然会遇到各种阻力，受到各种挑战，但这是政府赋予财政的职责，财政理应承担起职责，把绩效管理贯穿到财政工作的始终，贯穿于财政资金运行的全过程及每个环节。做到在事前有绩效预算、事中有绩效审价、事后有绩效评价，而这三个环节不是互相割裂的，而是互相联系的一个整体，环环相扣，缺一不可，把财政民生事业投资的资金运行和民生事业的发展连成一个整体。只有这样，财政的民生投入效果才有保障，财政资金投资民生事业才有好的绩效。

总之，"小财政"与"大民生"的矛盾是民生财政建设过程中始终存在的，把"小财政"办成"大民生"是社会主义市场经济条件下财政的职责需要。财政必须根据财力的可能，发挥好财政的职能作用，逐步改革和发展民生，为民生事业的发展提供可持续的财力保障。

为财政资金分配引入
竞争机制叫好

公平和效率是经济学永恒的主题、永恒的矛盾，既对立又统一。从对立的方面看，市场经济是竞争经济，竞争的结果是"优胜劣汰，适者生存"，这有利于效率的提高，不利于公平的实现；而从统一的方面看，效率的提高也有利于公平的实现，市场效率的提高，能创造更多的国民收入，通过国民收入的再分配，使政府有能力推进公平的实现。当然，过度追求公平，容易产生平均主义，导致效率的损失，不利于效率的提高和财富的创造。

财政政策是政府调节公平与效率关系，实现政府的政策目标、实现宏观调控的主要政策手段。财政通过资金分配和再分配，推动着公平和正义的实现，但是，财政资金分配本身也面临公平和效率的问题。

公平分配资金是财政分配的本质，是财政分配的主旋律，但公平分配也要讲效率。在实践中，处理好公平与效率的关系，在财政资金分配过程中引入竞争机制，改变财政资金的使用方式，提高财政资金的使用效益，实现"少花钱，多办事"，广东省率先开始了这方面的探索。2008年7月，广东省财政拿出15亿元的资金，引入竞争机制，采取竞争性分配，由6个欠发达地级市展开竞争，实行"能者多得"，按绩效分配。通过竞争，其中的3个市各获得5亿元资金，专项用于当地产业转移工业园的建设与发展。经过几年渐进式改革实践，广东省竞争性分配项目范围已从省产业转移扶持资金，拓展至科技、教育、水利、农业、社保、医疗卫生、旅游、交通运输等各领域，并从省级向市县扩展。

"一石激起千层浪"。广东省竞争性分配财政专项资金的做法，产生了积极的效应，受到不少地方的重视，一些地方也开始了这方面的尝试。山东省计划从 2012 年起到 2015 年，省财政每年安排专项资金 10 亿元，采取竞争性分配方式，重点扶持 300 项以上具有自主知识产权的重大关键共性技术研发和产业化示范项目。湖北省决定从 2013 年起，试行省级财政部分专项资金竞争性分配。

从各地的实践看，竞争性分配财政资金的效果很明显，对加强财政资金管理，提高使用单位的责任意识，提高资金的使用效益是有目共睹、无可厚非的。一是通过竞争性分配财政资金有利于改变单位和部门对财政资金的认识。财政资金不同于银行信贷资金，无偿性是财政资金的特点，这就容易使单位和部门产生依赖思想，总是想方设法向财政要资金，"不要白不要""不用白不用"的观念根深蒂固，多头申报项目、多头向财政争取资金时有发生。而竞争性使用财政资金在财政资金使用上引入竞争机制，要争取到资金必须要有项目，项目必须有较好的社会效益和经济效益，并且资金使用有考核机制，使用不当还有处罚机制，这有利于单位和部门改变观念、转变思路，正确使用财政资金，科学合理安排财政资金。二是通过竞争性分配财政资金有利于提高财政资金的使用效益。竞争性分配的财政资金与工程项目、工作业绩挂钩。争取到资金是有条件的，要有好的项目、要有相应的配套资金、要有可行的实施条件，资金争取的难度大、竞争激烈。这迫使单位和部门高度重视，否则，难以在竞争中取胜。同时，财政资金的使用有一套严格的考核机制，有规范和严格的要求，这有利于单位和部门增强责任意识，加强财政资金的管理，提高资金的使用效益。三是通过竞争性分配财政资金有利于加强财政资金的绩效管理。长期以来，财政资金的使用一直比较重视过程，至于财政资金使用的效果如何，缺乏考核机制，这是财政工作的薄弱环节。近年来，财政部门开始推行财政资金的绩效管理的改革，以确保财政资金的使用有好的效果，而竞争性使用财政资金对资金的使用前后都有严格的管理要求，在事前要有绩效预算，事中要有绩效评估，事后要有绩效考核，把绩效管理贯穿于资金使用的全过程，这有利于加强财政资金的绩效管理，确保财政资金的合理使用。

当然，公共财政的基本特征是满足公共需要。财政资金主要用于均衡地区财力，满足城乡居民基本的公共服务，实现基本公共服务均等化需要。财政资金的使用以社会效益为主，要体现公平、公开、公正的原则，重点用于民生领域、用于经济欠发达地区、用于弱势群体。竞争性使用财政资金作为财政资金分配的一种新形式，可以不断实践、不断推广，但财政资金的性质决定了竞争性使用财政资金只能是财政资金分配的尝试和补充，主要用于部分财政专项资金的分配，不能作为财政资金分配的主要形式，在财政资金分配中只能占有少量的份额。

同时，竞争性分配财政资金主要用于专项性的各个项目，由于区域经济社会发展的不平衡，经济发达地区和经济欠发达地区的经济发展水平、区域发展优势、市场竞争能力是不一样的，经济发达地区相对有比较优势。在财政资金的争取过程中，竞争的条件是不一样的，竞争性使用财政资金要充分考虑到这一点，考虑到地区平衡，在竞争评价的指标设计上要有所体现，对经济欠发达地区有所倾斜，使经济欠发达地区也有机会争取到竞争性财政专项资金。

此外，对竞争性分配财政资金的使用结果要进行验收和评估，这种验收和评估一方面要体现项目本身的社会效益和经济效益，使项目的实施真正能为地方经济社会发展服务，体现项目本身的价值；另一方面要体现财政资金使用效益，看财政资金是否真正用在"刀刃"上，资金有没有流失或被截留、挪用。至少在这两方面验收和评估合格后，竞争性分配财政资金的效益才真正得到体现，竞争性分配财政资金的使用才是科学合理、符合财政资金使用方向和要求的。

财政开源觅途径

　　为有源头活水来。财政收入是财政工作的基础，是财政职能实现的保障，而财政收入来自经济的发展，来自企业和居民缴纳的税收，来自财源的开辟。财政开源关键在于培养财源，"放水养鱼"和"竭泽而渔"是两种不同的理财观。两种不同的理财思路可能产生不同的结果。政府过度地集中财力，可能影响企业的发展，使财源枯竭；而过少集中财力，政府的职能不能实现，社会的民生事业难以保障，影响社会事业的发展。政府集中财力必须把握一定的度。

　　积少成多，集腋成裘，涓涓溪流汇成江河，必须把经济的"蛋糕"做大，也要把"小税种"培养成"大财源"，"开源"和"节流"是财政永恒的主题。

对财政收入低增长要有
充足的准备

　　"十一五"以来，我国财政收入一直保持高速增长，甚至超 GDP 两倍以上增长，最高时 2007 年达到 32.4%，即便是受金融危机影响的 2009 年，财政收入也增长 11.7%，2011 年又重新达到 25.0% 的高增长。财政收入的高增长为我国公共财政成功向民生财政转型，实现"学有所教、劳有所得、病有所医、老有所养、住有所居"的和谐社会建设提供了财力保障，推进了民生事业的发展。但是，从 2012 年开始，我国财政收入增长明显回落，全年财政收入增长 12.8%，2013 年国家预算安排财政收入仅增长 8%。从 2013 年上半年全国财政收入情况看，公共财政收入增长 7.5%，比上年同期回落 4.7 个百分点，财政收入进入低增长阶段。从未来我国财政发展的趋势看，低增长将是未来财政收入的常态。

　　理由之一，经济发展速度的减缓，直接限制了财政收入的增长。经济决定财政，财政反作用于经济。改革开放以来，我国抓住发达国家产业转移的机会，利用我国廉价的劳动力资源优势，引进国外先进的技术和管理，大力发展加工贸易、发展个体私营经济和"三资"企业，经济发展迅速，保持三十多年的高速增长，已成为世界第二大经济体。世界金融危机以来，我国经济也遇到了前所未有的困难，经济发展面临严峻的挑战。从国际发展环境看，世界经济并没有完全从危机中走出，美国的"财政悬崖"悬而未决，欧债危机还在发酵，全球经济面临许多不确定性，发达经济体经济低迷仍将延续。同时，和我国经济结构相类似的东南亚、拉美地区等新型经济体的兴起，给我国经济的发展造成了不小的压力。这些直接影响我国产品的出口，影响外贸出口对经济的拉动作用。从国内发展环境看，我国经济发展面临严峻的资源要素制约，土地紧张、劳动力成本上涨、融资难等问题突出，经济发达的沿海地区尤其突出。同时，我国经济发展高能耗、高污染、低产出问题还没有解决，面临严峻的产能过剩问题，调结构的压力大，这些直接影响企业生产规模的扩大，影响投资对经济的拉动。至于消费，又受高房价、子女教育、看病贵等因素影响，内需启动难。这使得我国经济开始回落，经济高增长难以维持，2010 年全国 GDP 增长 10.3%，2011年下降到 9.2%，2012 年进一步下降到 7.8%，为 13 年来最低。2013 年一季度为 7.7%，较上年四季度回落 0.2 个百分点，短期内我国经济增速再达到或超过 9% 的可能性不大。而财政收入来自经济的发展，财政收入的规模随着经济的增长相应地扩大，随着经济增长的回落相应回落。我国未来经济增长速度下移是不可避免的，很难回到两位数的高增长，也使得我国未来的财政增长空间受到限制，财政收入低增长或者说一位数的增长是难免的。

理由之二，宏观调控尤其是房地产调控的持续，影响了财政收入的增长水平。随着我国城市化的发展和住房制度改革的推进，房地产市场逐步发展起来，不少地方房地产业已成为支柱产业或重要产业，但房地产的过度发展，房地产价格的过快上涨，又会导致房地产投机盛行，导致经济的"虚拟化"和产业的"空心化"。2010 年以来，为遏制部分城市房价过快上涨，我国逐步加大了对房地产的宏观调控。国家在信贷、税收、土地等多方面实施严厉的调控政策，限制房地产业的发展。而房地产业与财政收入的关系密切，在我国现行的税制中，直接以房地产为课税对象的有土地增值税、城镇土地使用税、耕地占用税、房产税、契税等，与房地产紧密相关的有营业税、企业所得税、个人所得税、印花税、城市维护建设税等。不少地方，房地产业的税收贡献在财政收入中占有举足轻重的地位，是地方政府的支柱财源，有些地方甚至成为第一大财源。不仅如此，房地产业的发展直接关系政府的非税收入，主要是土地出让金的收入。在新财源一时没有形成，难以取代房地产业，而房地产业的发展又受到国家宏观调控的限制的情况下，无论是政府一般财政预算收入，还是非税收入的增长都受到了限制，影响了财政收入的增长。

理由之三，物价水平的低位运行，客观上降低了财政收入的增长。物价水平和财政收入的关系密切，关系的程度和财政收入的构成存在必然的联系，因为财政收入的主体是税收收入。我国财政收入 90% 左右来自税收收入，而税又包括直接税和间接税。我国的税制不同于西方国家的税制，西方国家是以直接税为主，如 2011 年美国税收收入中属于个人直接缴纳的税收比例高达 75%。我国是以间接税为主，2011 年我国间接税中的增值税、营业税、消费税、关税占全部税收收入的比例高达 68.0%。而间接税是从价税，是价格的构成要素，可直接计入商品的售价之中，通过价格渠道转嫁，间接税和价格关系密切。在一定范围内，价格越高，税收收入增长越快。从 2007 年开始，除受金融危机影响的 2009 年外，我国物价指数即 CPI 指数开始回升，2007 年为 4.8%，2008 年为 5.9%，2010 年为 3.3%，2011 年为 5.4%，一直存在温和的通货膨胀问题，带动了以现价计算的税收收入增长。进入 2012 年我国的 CPI 开始逐月回落，6 月份以后回落到 3% 以下，全年仅为 2.5%，保持在较低的水平，2013 年 CPI 指数仍维持在较低的水平，1～3 月分别为 2.0%、3.2% 和 2.1%。物价的低水平运行，使得以间接税为主的税收收入增长缓慢，将直接影响财政收入的增长，甚至会导致财政收入增速的下滑。

理由之四，国民收入分配结构的调整，压缩了财政收入增长的空间。在国民收入"蛋糕"既定的情况下，国家集中多了，留给企业和个人的就少，反之亦然。分税制改革以来，国家通过税制改革，对国民收入分配结构进行了调整，提高了财政收入占 GDP 的比例，到 2012 年全国财政收入达到了 11.72 万亿元，财政收入占 GDP 的比例为 22.5%，是 1994 年分税制改革以来最高的，比 2000 年的 13.5% 提高了 9.1 个百分点。如果国民收入分配国家集中多了，显然会影响居民生活的改善，影响国内消费需求的扩大。党的十七届五中全会明确提出要着力保障和改善民生，合理调整收入分配关系，努力提高居民收入在国民收入分配中的比重、劳动报酬在初次分配中的比重，即提高"两个比重"。党的十八大进一步明确，到 2020 年要实现城乡居民人均收入比 2010 年翻一番的目标，即居民收入倍增计划。调整国民收入分配结构，提高居民收入在 GDP 中的比例，国家除了在再次分配中通过财政的转移支付和社会保障政策提高居民尤其是低收入家庭居民的收入水平外，主要是要在国民收入的初次分配中增加居民的收入份额。一方面是提高工资标准尤其是最低工资标准，提高工资收入占 GDP 的比例，使居民的工资收入增长和 GDP 的增长保持同步或高于 GDP 的增长。另一方面是全面建立社会保障制度，扩大社会保障制度的覆盖面，将民营企业、个体工商户等全部纳入社会保障的范畴。随着国民收入分配结构的调整，分配向居民个人倾斜，增加居民收入在国民收入中的份额，这使得居民收入的增长和财政收入的增长将保持同步或超过财政收入的增长，客观上压缩了财政收入的快速增长或增长空间，财政收入的增长受到了限制。

理由之五，结构性减税的持续推行，放缓了财政收入的增长。美国次贷危机引发全球金融危机以后，我国政府及时推行了积极的财政政策。积极财政政策的一项重要内容是启动结构性减税，在理顺税收分配关系的同时，进一步减轻企业的负担。从 2009 年 1 月 1 日起，在我国所有地区、所有行业推行增值税转型改革，即由生产型增值税转为国际上通用的消费型增值税，允许企业抵扣其购进设备所含的增值税，消除我国当前生产型增值税制产生的重复征税因素，降低了企业设备投资的税收负担，是一项重大的减税政策。经有关方面初步测算，增值税转型能够减轻企业 1 200 多亿元的负担。从 2011 年 9 月 1 日起，我国又提高了个人所得税的减除费用标准，即起征点从现行的 2 000 元提高至 3 500 元，经过调整后，大约有 6 000 万人不再需要缴纳个人所得税，全国个人所得税月均减少 138 亿元的收入。从 2011 年起国家又陆续出台了对小微企业的税收优惠，从 2011 年 11 月 1 日到 2014 年 9 月 30 日对小微企业增值税销售额起征点和营业税营业额起征点提高到 2 万元。自 2012 年 1 月 1 日到 2015 年 12 月 31 日对年应纳税所得额低于 6 万元的小微企业，其所得减按 50% 计入应纳税所得额，按 20% 的税率缴纳。从 2012 年 1 月 1 日起国家启动了将交通运输业和部分现代服务业营业税改征增值税率先在上海试点，即"营改增"改革，8 月 1 日起试点范围又扩大到北京、天津、江苏、浙江、安徽、福建、湖北、广东和厦门、深圳 10 个省（直辖市、计划单列市）。从 2013 年 8 月起将"营改增"试点范围在全国推开，据测算 2013 年全部试点企业将减轻负担 1 200 亿元。这些结构性减税政策陆续出台所产生的叠加效应，必然对财政收入的增长产生影响，放缓了财政收入的增长速度。

如此等等，都说明财政收入低增长将进入常态化。当然，随着城镇化的推进、内需的扩大、经济发展方式的转变，以及改革"红利"的进一步释放，财政收入也有可能出现 10% 以上的增长，但这改变不了财政收入低增长的趋势。

财政收入决定了财政的可用财力。财政收入的低增长要求各级政府必须"运筹帷幄""未雨绸缪"，加快理财观念的转变，树立过"紧日子"的准备。财政部近日发出通知要求中央国家机关各部门对 2013 年一般性支出统一按 5% 比例压减。要重点压减办公楼和业务用房建设及修缮支出、会议费、办公设备购置费、差旅费、车辆购置和运行经费、公务接待费、因公出国（境）经费等。同时要进一步加强财政支出管理，调整和优化支出结构，支持经济结构调整和产业升级，保障和改善民生，把有限的财政资金用到刀刃上，提高财政资金使用效益。因此，根据财政未来增长的趋势，各级财政预算安排要做到"量力而行"，不能寅吃卯粮，每年新增的财政支出要充分考虑财政增长的可能，涉及民生的财政支出，也要在稳步提高的基础上考虑民生财政支出的"刚性"特点和民生事业发展的可持续性，必须做到逐步改善、稳步提高，确保财政收支平衡。

要把财政收入建立在
稳固的基础上

政以财为基，财以经为源。财政是国家政权的基础，随着
国家政权的产生而产生，随着国家的发展而发展，随着国家职
能的扩大而扩大，维护着国家政权的运转，是国家上层建筑的
重要组成部分。同时，财政又来源于经济，经济是财政的基
础。经济的发展决定财政的发展，经济的规模决定财政的规
模，没有经济的发展财政就成了"无源之水"、"无本之木"。

尤其是现代社会，随着国家职能的不断扩大，在国家经济
社会事业发展中，财政的地位举足轻重、不可或缺，强大的财
政是经济社会事业发展的有力保障。一方面，财政能够促进经
济的发展。财政是市场经济条件下国家宏观调控的重要手段，
维护经济平稳健康运行的主要经济杠杆。每当出现经济过热、
市场需求旺盛、经济结构失衡的时候，国家就要实施稳健的财
政政策，采取有保有压的财政政策，通过预算、税收手段对经
济进行调控，对一些过度投机的行业给予限制，对一些瓶颈行
业给予重点扶持，以避免经济的泡沫化和市场的过度投机；每
当经济发展遇到困难，经济发展受到冲击，国家实施积极的财
政政策，不仅可以通过财政资金的扶持，帮助企业转变经济发
展方式，增长经济的竞争力，而且可以通过结构性减税的政
策，减轻企业的负担，增强企业的活力和应对危机的能力，使
经济走出困境。另一方面，财政能够推动社会事业发展。社会
事业的特点是公益性，即社会效益性，是市场作用不到、作用
不好或不愿作用的，需要财政的作用。而社会事业又是社会发
展和社会进步的标志，随着社会的发展，社会事业的范围不断
扩大、投资的规模不断扩大，对财政的要求愈来愈高。公共财

政的基本职能就是提供公共产品，促进社会事业发展。财政只有不断地投入，才能促进社会事业的发展，实现经济社会的统筹发展。由此可见，财政的地位决定了财政的平稳健康发展关系到方方面面，关系到经济社会事业发展的全局。

但是，从2012年全年各月财政收入走势的情况看，我国财政收入在保持连续多年的快速增长之后，财政后续增长乏力，增长不断上下波动，财政收入的不稳定开始显现，有些地方甚至出现了低增长或负增长，这是财政多年未出现过的现象，财政的风险性凸显。

财政收入的大起大落，充分说明了财政的不稳定性，而这种不稳定性对财政的发展是不利的，因为财政支出刚性的特点决定了财政收入必须是稳定的可持续的，不允许财政的大起大落。因此，必须把财政收入建立在稳固的基础上。

第一，必须保持财政收入的稳定。财政收入的稳定主要体现在财政收入的增长要平稳可持续，不要有大起大落，这是经济社会事业发展的需要，公共财政建设的需要。财政收入要做到稳定，一方面，经济的发展要稳定，财源的基础要扎实，这是前提。目前我国虽然已成为世界第二大经济体、制造业大国，但还不是制造业强国，经济发展中的科技含量并不高，行业竞争激烈，盈利水平比较低，一些企业和资本游离实体经济，甚至有些地区出现产业"空心化"和资本"虚拟化"，出现了房地产泡沫，在国家宏观调控的政策环境下出现经济波动，造成了财政收入的不稳、财政困难。经济发展有自身内在的规律，任何违背发展规律、脱离实际的发展都是得不偿失的。我国经济的发展仍然不能偏离实体经济的主线，在此基础上，增加科技含量、加强研发、改善营销、争创品牌，提高实体经济的附加值，保持财源的稳定。另一方面，财政的调控能力要稳定，财政要有一定的调控余地，为经济发展保驾护航，这是财政收入稳定的保障。财政是国家宏观调控的重要手段和经济杠杆，无论经济过热或经济低迷，都不利于财政收入的稳定，尤其是出现大的经济波动或经济危机，即出现市场失灵时，需要政府财政的调控和干预，财政要有这方面的能力，使经济保持稳定。只有把经济和财政分配的关系处理好，财源稳定了，财政收入增长的稳定才有基础、才有保障。

第二，必须把财政收入做扎实。财政收入的扎实主要体现在财政收入来源的基础是有保障的。财政收入是政府实实在在可以使用的资金，不能弄虚作假，缺乏后劲，这是财政工作的基础，是财政平衡的有力保障。要把财政收入做扎实，一方面经济发展要实事求是。发展经济要从实际出发，和地方的资源要素和资源禀赋结合起来，既不能脱离地方实际盲目发展，又不能脱离发展阶段盲目投资。土地、资金、技术、劳动力是未来地方经济发展的制约瓶颈，地方必须转变观念，转变经济发展方式，从"招商引资"转为"招商选资"，尤其要鼓励发展那些投入少、效益高、污染少的产业，发展那些对地方就业关联大、财政贡献大的产业，发展那些利用地方可再生资源、拉长地方产业链的产业，把资源优势转为经济优势，实现经济的可持续发展。另一方面财政收入要扎实。财政收入"大"不等于"实"，财政收入必须是政府可以实实在在使用的资金，是政府民生事业的保障，但财政收入"大"而不实时有发生。如有些地方政府为了政绩的需要，为了做大经济"蛋糕"，对引进的投资项目盲目"开口子"，允许企业缴纳的税收给予财政返还，表面上看财政收入在做"大"，但实际是"过路财政"，对地方发展不仅没有多少好处，而且违反了财经制度。又如有些地方为了建设政绩工程，盲目负债，虽然当下政府收入增加了，但这是以未来财政收入为保障的，是未来收入的提前使用，这个负债度控制不好容易给未来发展埋下隐患，这些都是财政收入不"实"的表现。地方政府必须把财政收入做扎实，把财政收入建立在实实在在的经济发展基础上，使财政收入真实可靠。

第三，必须优化财政收入结构。优化财政收入结构主要体现在财政收入的结构是合理的，来源是有保障的，这是财政收入可持续的重要条件。要优化财政收入结构，一方面，经济结构要优化。经济结构主要是三次产业的比例关系要合理，结构要优化。三次产业之间的关系没有固定的模式，"宜农则农、宜工则工、宜商则商"，不要把三者割裂开来，三者之间有内在的联系，第一产业是基础，第二产业是经济发展的重点，是致富的主要手段，第三产业又是以第二产业为依托，没有二次产业的发展盲目发展第三产业是不可能的。优先发展什么，重点发展什么，关键看地方的比较优势，对财政收入的贡献。把产业的发展建立在亩产税收的基础上，以亩产税收的高低来优化产业结构。另一方面，财政收入结构要优化。财政收入结构的优化体现在两方面，一是中央收入和地方收入之间的结构，二是财政收入中税收收入和非税收入结构。分税制将财政收入分为中央财政收入和地方财政收入，地方应重点做大地方财政收入的"蛋糕"，当然，两者之间是不可分割的，只要把财政收入"蛋糕"做大了，地方财政收入自然会增加。这其中的重点要优化税收收入和非税收入的关系。财政收入的核心是税收收入，但也包含非税收入。非税收入是地方收入，是地方的可用财力，如果把非税收入都纳入财政收入，表面上增加了财政收入，实质并没有增加可用财力，无非是财政收入的结构发生变化。优化财政收入结构要确保财政收入的真实性和可比性，防止人为调节财政收入，为经济社会事业发展提供稳定的财力保障。

把 "小税种" 培养成 "大财源"

唯物辩证法认为，事物的发展既是绝对的，又是相对的。小和大也是相对的，从发展的眼光看，现在的大并不代表未来的大，现在的小并不代表未来的小，在一定的条件下，小和大是可以相互转化的。分税制改革以来，国家为了理顺财政分配关系，进一步提高了中央财政收入占财政总收入的比重，在原有中央和地方财政收入分成的基础上，通过所得税收入的调整，将属于地方收入的所得税改为共享税。又将通过 "营改增" 改革试点，将属于地方收入的营业税改为增值税，自然将地方收入变成共享收入。这样，国家通过收入分配结构的调整，原来属于地方收入的主体税种所得税、营业税将随着 "营改增" 的推进逐步变为共享税，属于地方的收入只剩下城建税、房产税、耕地占用税、契税、城镇土地使用税、车购税等地方小税种。

由于地方缺乏主体税种，地方税收收入在全部收入中的占比将逐步下降，而随着政府民生财政政策的不断出台，随着公共财政向农村、向基层、向社会发展薄弱环节的不断倾斜，地方财政的支出任务加重，地方财政的事权和财力就愈发不匹配。要确保地方政府职能的实现，就需要中央财政增加对地方财政的转移支付，或者提高地方财政在中央和地方共享收入中的分成比例。从完善分税制财政体制考虑，中央和地方的这种分配模式短时间内矛盾不大，长期则不利于分税制财政体制的完善，可以说是一时之举，不是长期之计。可供选择的一种出路是加快地方税体系的建设，壮大地方财源，把小税种培养成大财源。

从未来经济发展的趋势看，把现有的地方小税种培养成大财源不是没有可能的。随着经济的发展变化，有些大税种可能会变成小税种，甚至慢慢萎缩。如农业税是我国最古老的税种，被称为"皇粮国税"，在我国税收史上一直占重要地位，是国家财政收入的重要来源，但随着市场经济的发展，人类发展进入工业社会以后，农业税在国家税收中的地位急剧下降，占国家税收收入的比例越来越低，直至农村税费改革后的 2004 年我国停征了农业税，农业税退出了税收历史的舞台。而有些小税种随着经济的发展和居民收入水平的增长会慢慢壮大，完全有可能变成大税种。如房产税，随着城镇化的推进，越来越多的农村人口进入城镇，进入城镇的首要问题是要解决住房问题，这样房地产市场的发展必然带动房产税潜在税源的增加，只要政府合理开征房产税，房产税从小税种变为大税种指日可待。

税收结构的变化，使得地方政府在培养地方财源过程中，必须要用发展的眼光看待小税种，努力把小税种培养成为大财源。

第一，提高对地方小税种的认识。"积少成多，集腋成裘"。税收是财政收入的主体，是国家巩固政权、保障经济社会平稳运行和稳定发展的物质基础。培养财源是各级政府的职责，是政府职能实现和维持政府运行的保障。而财政体制决定了财力的分配，决定了财源培养的方向，在中央和地方的财政体制调整中，自主权掌握在中央。所得税分享改革、"营改增"推广以后，地方政府必须着眼于现行分税制财政体制，着眼于地方小税种，眼睛向内，提高对地方小税种的认识，把小税种培养成大财源。从我国未来经济和税源培养的前景看，随着我国经济的发展和居民收入的增加，以及居民消费能力的增强和消费结构的不断提升，房产税、契税、车购税、土地使用税、土地增值税等地方小税种增长潜力巨大，如果把这些小税种加起来看，和大税种并没有区别。从地方实际税源结构的发展变化看，地方小税种和增值税、所得税这些大税种一样，在地方税收收入中是旗鼓相当、不可或缺的。这些都说明，地方要着眼于目前的税制，重视地方小税种。

第二，加强地方小税种的建设。加强地方小税种建设是完善地方税体系建设的需要，也是深化分税制财政体制改革的需要。从国家税制改革和发展的需要出发，只有地方税体系健全，地方有足够的收入来源，分税制财政体制才可能健全，分级财政才能形成，这样，加强地方税建设显得尤为迫切。在目前我国现有的政府收入格局中，加强地方税建设，一方面，要加快税费改革。我国地方政府除了税的收入外，还有大量费的收入。由于不少政府性收费缺乏法律保护，征收难度大，费改税是规范政府收费的方向。国家应结合地方税体系建设，积极推进地方性收费改为收税，以规范地方政府的分配行为。另一方面，结合结构性减税政策的实施，减税的同时开征一些地方性新税种，在发挥好税收杠杆的调节作用的同时增加地方政府的收入来源。同时，小税种是地方可支配的收入，管理的主导权在地方，地方政府要发挥小税种的经济杠杆作用，对一些鼓励发展的行业和产业，通过小税种的优惠给予支持，以促进地方经济的转型升级；对一些淘汰的产业或限制发展的产业，提高小税种的征收比例给予限制，以发挥地方小税种的经济杠杆作用。

第三，加强地方小税种的管理。由于地方小税种税源分散，涉及千家万户，管理的难度大、成本高，一直是税收管理的薄弱环节。有些地方甚至是沿袭"抓大放小"的做法，主要抓主要税种、主体税种的管理，把管理的力量集中在大财源上，对小税种放任自流，管理粗放。这不仅不利于税收管理，而且不利于做大地方财政的"蛋糕"。其实，分税制财政体制已把小税种作为地方的财政收入，收入真正归地方政府支配，流失的也是地方的收入。地方政府应加强对小税种的管理，把小税种和主体税种一样看待，增加管理力量，健全管理制度，提高管理精细化程度和管理的信息化水平，把该收的收上来，以避免小税种的流失。

第四，赋予地方政府适当的税政管理权。我国税权集中，税收立法权和税政管理权集中在中央。税权集中有集中的好处，有利于税收政策的统一，有利于公平竞争，但从建立地方税体系和加强地方税管理的角度看，国家应该适当下放税权，给地方政府主要是省一级政府一定的税收立法权和税政管理权是必要的。党的十六届三中全会通过的《中共中央关于完善社会主义市场经济体制若干问题的决定》就提出，"在统一税政的前提下，赋予地方适当的税政管理权"，实际上，在下放税权方面国家一直没有实质性的进展，这说明下放税权的难度。但为了健全分税制财政体制，加强地方小税种的管理，国家应该给地方一定的税权。地方可以根据地方经济发展的需要和地方财源建设的需要，开征地方税。或者是地方税由国家统一规定，国家规定税率的浮动幅度，给地方一定的权利，地方自行确定税率的标准，这有利于调动地方政府的积极性，加强地方小税种的管理。

培养主体税种是地方税
体系建设的关键

地方税是地方财政收入的主要来源，关系到地方政府的可用财力，地方税体系建设是分税制财政体制运行的有力保障。党的十八大报告提出，要"构建地方税体系，形成有利于结构优化、社会公平的税收制度"，把地方税体系建设提高到关系税收制度建设完善与否的高度。而地方税体系建设涉及税种改革的方方面面，地方主体税种的培养是重要一环。

为了规范中央和地方的财政收入分配关系，提高财政收入占 GDP 的比重和中央财政收入占财政总收入的比重（即"两个比重"），我国于 1994 年全面推行了分税制财政体制改革，与分税制财政体制相适应，同时进行了税制改革，把税种划分为中央税、地方税和中央地方共享税，形成了以消费税等为主体的中央税体系，以所得税、营业税等为主体的地方税体系，以增值税等为主体的共享税，共享比例中央占 75%，地方占 25%。随着所得税、营业税收入的增长，2002 年我国又将所得税划为共享税，共享比例五五分成，2003 年以后调整为六四分成，中央占 60%、地方占 40%。所得税变成共享税以后营业税自然成为地方税体系的主体税种。由于增值税是对增值额征税，营业税全额征税，增值税和营业税的交叉，有些环节、有些行业进项税额不能抵扣，增值税的链条是不完整的，影响了增值税的实施效果。为了解决增值税运行中存在的问题，我国启动了部分行业营业税改征增值税改革，即"营改增"改革，从 2012 年 1 月 1 日将交通运输业和部分现代服务业营业税改征增值税率先在上海试点，从 8 月 1 日起国务院又决定将试点范围扩大到北京、天津、江苏、浙江、安徽、福建、湖北、广东和厦门、深圳 10 个省（直辖市、计划单列市），2013 年 8 月 1 日起试点在全国范围内全面推开。通过试点以后，未来营业税改为增值税是必然的趋势，营改增的结果使原来属于地方税的营业税将成为中央和地方共享税的增值税，这样，地方税就没有了主体税种，地方税收入在税收收入中占的比例越来越少。

地方税改为共享税，实质是部分地方财政收入转为中央财政收入，即财力向上集中，而随着公共财政向农村覆盖、向民生领域倾斜，事权逐步向地方下放，其直接结果是地方财政困难。要缓解地方财政困难，除了中央财政加大向地方财政尤其是经济欠发达地区财政的转移支付外，关键是要培养地方财源，尤其是地方财源的主体税种，使地方的事权与财力相适应。

目前，在我国现有的税制中，城建税、房产税、土地使用税、耕地占用税、车购税、契税等地方税在数量上占大头，但这些税种的共同特点是税源零星、征管难度大，如何培养地方税主体税种成了地方税体系建设的关键。从我国未来经济社会发展和国外的税制结构看，培养地方税主体税种必须进一步深化我国的税制改革，从改革和发展中形成，在改革和发展中培养。

第一，从地方小税种培养变为地方税主体税种。地方小税种由于税源分散、征收成本高、管理难度大，一般不容易引起注意，税源流失相对较多。分税制将地方小税种归地方所有，为地方财源建设明确了方向，地方在财源上收、财力困难的情况下，应该着眼于小税种的管理，而且随着经济的发展，一些小税种的征收管理潜力是比较大的，如车购税，随着我国汽车从高消费品变为出行的工具，进入普通家庭，车购税收入增长迅速，对地方财政的贡献越来越大。又如土地使用税，随着我国城镇化的推进，大量的农村人口进入城镇，土地使用税收入的增长将越来越大，对地方财政的贡献也越来越大。再如城建税，随着我国内外资企业税收政策的统一，外资企业也纳入城建税的征收范围，城建税的收入日益增长，对地方财政的贡献也日益增加，等等。从地方小税种的发展前景看，不少小税种发展前景好、增长势头猛。"涓涓小流可以汇成江海"，将这些小税种汇集起来就是大财源。只要加强征管，部分地方小税种能成为地方主体税种。

第二，从地方税改革中形成地方税主体税种。要深化分税制财政体制改革，除了中央财政以外，地方财政也要有主体税种，否则，分税制财政体制难以深化，省以下分税制财政体制难以推行。从国际上看，实行分级财政的市场经济国家地方政府一般都有主体税种，如发达国家代表的美国实行分级财政，联邦政府对州和地方政府有财政转移支付的责任，州和地方政府没有财政上缴的义务，房产税是地方政府的主体税种，是地方政府财政收入的主要来源。又如新兴国家的代表南非，地方政府的主体税种也是房产税。目前，我国只对房产交易环节征收房产税，房产税在地方财政收入中占的比例还很低。为了调节居民收入分配结构，控制房地产价格，2011年上海和重庆开始了房产税的改革试点，将房产税的征收范围扩大到房产的保有环节。虽然这仅仅是起步，征收的范围小、比例低，重庆仅对高档住宅和别墅征税，税率仅0.5%~1.2%；上海仅对超面积的第二套住宅征税，税率仅0.6%，但初步建立了房产税的征税机制，给市场发出了信号。我国未来地方房产税试点范围还将不断扩大，以发挥房产税的调控作用。可见，无论是国外的税收体系，还是我国未来税种改革，开征房产税，将房产税从交易环节扩大到保有环节是必然趋势。这样，通过税制改革，房地产税成为地方主体税种是完全有可能的。

第三，从开征地方税新税种中产生地方税主体税种。我国目前的地方税，虽然税种不少，但普遍税基狭窄，且有些地方税区域特点明显，缺少一种税基宽、普遍适应的税种。在美国，包括在其他一些发达国家，普遍开征商品销售税，即对商品销售额征税。商品销售税是一种直接税，由消费者负担。销售税的特点是税基宽，征收范围广，征收成本低。不仅有利于增加财政收入，而且有利于调节收入分配结构，培养公民的纳税意识，是美国州政府的主要收入来源。我国实施积极财政政策，推行结构性减税并不仅仅减税，是有增有减的税收政策，以建立适应社会主义市场经济发展的税收体系。建立地方税体系，在现有地方税的基础上另辟蹊径，开征商品销售税，成为地方税主体税种也是有可能、可以实现的。

第四，从费改税中转换为地方税主体税种。在我国，除了税收之外，政府凭借行政权力向企业和个人收取有关费用，包括政府性基金。政府的费收入由于缺乏法律约束，征收的难度大，而不少费收入是政府不可或缺的收入，有些地方政府费的收入和地方财政收入规模几乎是相当的。对一些收费改成收税，即费改税这是方向。如将社保基金改成社保税，将排污费改成环境税，等等。在美国，社会保障税是联邦政府的重要收入来源，有利于社会保障的可持续发展；环境税不少国家也是专门开征的，有利于环境的保护。为适应我国未来经济社会发展需要，我国应该积极启动费改税，成熟一个开征一个，从而使地方政府的收入来源更加稳定。费改税是政府收入形式的改变，也有利于地方税主体税源的培养。

第五，改变共享税分成比例，调整地方税主体税种。完善地方税体系，涉及税收制度的改革，而税制改革，尤其是新税种的开征，涉及立法的程序，需要反复酝酿，多方求证，并非一朝一夕的事，时间长、难度大，需要有一个过程。但营改增以后，中央和地方的财政收入进行了调整，直接减少了地方的财政收入，影响了地方的可用财力。如何调整中央和地方的收入关系，在我国税制没有改革之前，作为一种过渡办法，可以调整共享税的分成比例，如将增值税的分成比例从目前的 75:25 调整为 60:40，中央得 60%，地方得 40%。具体的分成比例经过测算后可具体确定，增加地方的分成比例，确保地方不因税制调整（主要是"营改增"）而使财力受到影响。当然，只要中央和地方的收入分配关系合理，我国也可以建立以共享税为主体的税收制度。

　　总之，党的十八大提出了"建设地方税体系"的税制改革目标，为地方税体系建设指明了方向，而改革和培育地方税主体税种是地方税体系建设的重要环节。为此，必须从现行税制着手，加大改革的力度，逐步培育和发展地方税主体税种，为地方政府实现职能提供财力保障。

从招商引资到招商选资折射财政政策的嬗变

没有投入就没有产出，同样，没有投入就没有发展，而投入需要资金，可以说，资金是企业发展的血液，是经济发展的命脉。

改革开放以来，我国充分利用劳动力成本低廉的资源优势，积极发挥财政的职能作用，大力引进国外的资金、技术、人才、管理等生产要素，发展加工贸易、发展外向型经济，对引进的外资企业、引进的外来投资给予财政资金上的支持，税收上的"三免两减半"、"三免五减半"等政策倾斜。同时，各地利用国家改革开放的体制机制优势，招商引资，大力发展个体私营经济。经过改革开放30多年的发展，我国的经济迅速发展，创造了世界经济奇迹，成为名副其实的世界"加工工厂"和"制造中心"，已成为仅次于美国的世界第二大经济体。但是，我们也应清醒地看到，我国经济的发展也付出了不少代价，尤其是环境的代价，表现在不少地方经济发展粗放，经济发展的投资成本高、能耗高、对环境的破坏和污染高，产出水平低、资源利用率低、经济效益低。如果任其发展，未来的发展是不可持续的，能源难以满足，环境难以承受。必须把转变经济发展方式作为经济发展的着力点。同时，随着我国经济的发展，经济实力的增强，资金虽然是影响我国经济发展的重要因素，但已不是主要因素，资源尤其是土地资源已成为经济发展的主要瓶颈，这样，各地在发展经济过程中，对招商引资不再盲目，已从"招商引资"转为"招商选资"，提高了"招商引资"的门槛。

其一，引进的项目必须是规模大的项目。小有小的优势，大有大的优势，虽然小企业有"船小好掉头的优势"，但小企业经不起风浪，而大企业、大项目有规模优势，能经受市场风险的考验。目前，我国企业规模小，容易受市场冲击，每次经济风波容易受到伤害。各地普遍缺的是规模大的企业和项目，缺支柱财源。因此，招商引资必须引进世界500强、央企，以及上规模的民营企业，引进大的项目、大的投资，引进先进的技术、先进的管理，引进科学的理念、创新的思维，以改变地方的经济结构，增强地方经济的竞争力。

其二，引进的项目必须是有带动力的项目。企业有各种类型，有的企业虽然占用当地的资源，却和当地的经济关联不大，有的企业却能带动当地经济和社会发展。有带动力的项目主要表现在"引进一个项目，带动一片经济，致富一方百姓"，因此，地方对招商引资引进的项目必须进行综合分析，评估项目的带动效应：是否有利于解决当地劳动力的就业，增加劳动力的就业渠道；是否有利于延长当地的"产业链"，包括扩大农产品的加工，解决当地农产品的销路，以及与引进项目有关的配套产业的发展，地方服务业的发展。

其三，引进的项目必须是无污染的项目。随着经济的发展，环境、生态是未来最大的资源，是地方经济发展的"软实力"，未来的发展必须把环境、生态放在优先的位置，做到既要金山银山，又要青山绿水，否则，发展是得不偿失的。因此，招商引资引进的项目必须是无污染的项目，是生态型、低碳型的项目，优先发展循环经济、低碳经济、生态经济，做到资源的充分利用、资源的综合利用。对引进的投资不仅仅要看到是否能够做大GDP的"蛋糕"，更要看到是否能做大绿色GDP的"蛋糕"，把环境保护和经济发展统一起来，而不是对立起来。

其四，引进的项目必须是效益好的项目。发展经济的目的是为了追求经济效益，企业的效益体现了利润最大化和资产价值最大化，而政府发展经济除了经济效益外，更多考虑社会效益。项目多了，选择余地大了，对招商引资就要择优选择，把效益放在优先考虑的范畴，引进的项目必须是效益好的项目。分析效益要从所得和所费两方面综合分析，所引进的项目资源占用要少、能耗要少，对地方的GDP"蛋糕"贡献要多、政府的财政贡献要多。

如此等等，对符合这些要求的项目，要作为招商引资优先引进，给予相应的财政政策支持、税收政策优惠，使这些项目能够在地方发展，推动地方经济又好又快发展，以改变长期以来地方经济发展粗放的局面。

财政是政府调控经济的重要政策手段，是政府政策调整的经济信号，从

"招商引资"到"招商选资"，财政税收政策要相应地调整。这种政策调整，不仅体现了财政经济杠杆功能的发挥，更重要的是体现了政府经济发展方式的转变。转变经济发展方式，国家已提了多年，早在党的十三大就提出，经济发展要从粗放经营为主逐步转向集约经营为主的轨道。党的十四大提出，努力提高科技进步在经济增长中所占的含量，促进整个经济由粗放经营向集约经营转变。党的十四届五中全会提出，实行经济增长方式从粗放型向集约型的根本性转变。党的十六届三中全会提出"统筹城乡发展、统筹区域发展、统筹经济社会发展、统筹人与自然和谐发展、统筹国内发展和对外开放"的科学发展观。党的十六届五中全会提出"建设资源节约型、环境友好型社会"的"两型社会"建设，等等。应该说，中央对转变经济发展方式是非常重视，但由于以 GDP 为主要考核的政绩观，客观上使得地方政府对转变经济发展方式是"心有余而力不足"，影响了经济发展方式转变的效果。

党的十七大明确提出，必须在发展经济的基础上，更加注重社会建设，着力保障和改善民生，努力使全体人民学有所教，劳有所得，病有所医，老有所养，住有所居，推动建设和谐社会。十七大以来政府把工作重点转向民生领域，而各地招商引资从"招商引资"到"招商选资"的变化，也是政府执政理念转变的体现，说明各级政府对转变经济发展方式已有充分的认识，把转变经济发展方式作为自觉的行动，变被动转变为主动转变。同时，各级政府在招商引进过程中有选择性的引进资金和项目，说明地方政府对环境保护的重视，把环境作为不可再生的稀缺资源来保护，把环境保护等同于经济发展。这不仅有利于经济发展方式的转变，而且有利于环境的保护、资源的合理利用，充分体现了科学发展观的贯彻落实。

对这种政策调整，财政要积极发挥职能作用，努力创造条件，为各级政府的招商选资，经济发展方式的转变提供财力支撑。

总之，发展经济、培养财源是社会主义初级阶段的第一要务，而引进资金是加快发展的主要途径。从招商引资到招商选资折射出经济发展方式的转变，财政政策要与时俱进，为经济发展保驾护航，以实现经济和社会、人和自然的和谐发展、可持续发展。

为土地财政叫"屈"

  土地是重要的生产资料，是经济社会发展的基础，是国家财富创造的重要条件。对土地的作用，英国古典经济学家威廉·配第提出过"土地是财富之母，劳动是财富之父"的科学论断，把土地提高到"财富之母"的地位。在现代社会，土地和资本、劳动力、技术、管理一样，是重要的劳动生产资料。没有土地，企业难以开工，企业的扩大再生产难以开展；没有土地，农民的劳动难以开展，农业生产难以发展。土地的"财富之母"的地位是实至名归，古典经济学的阐述是十分精辟和科学的。

  在我国社会主义市场经济条件下，土地归国家和集体所有，是公有制的基础。土地除了是重要的生产资料之外，也是国家财政收入的重要来源，国家的不少财政收入，包括税费收入，都直接或间接和土地有关：和土地直接有关的收入有土地出让金、土地增值税、耕地占用税等；和土地间接有关的收入有房产税、建筑税、契税等。近年来，随着城市化的推进及房地产市场的繁荣，不少地方房地产业已成为支柱产业或重要产业，以致土地转让不断增加，新地王不断产生，来自土地的收入，主要是土地出让金收入不断增加，地方政府对土地的依赖不断增强，有些地方甚至出现了土地财政的现象，即地方财政中土地收入占举足轻重的位置。再加上新闻媒体的"炒作"，社会舆论的宣传，土地财政时见报端，不绝于耳，以致出现地方财政就是土地财政的错误认识。但是，2011年尤其是2012年以来，随着国家加大对房地产市场的宏观调控，房地产市场急剧萎缩，许多地方的土地难以转让，土地收入急剧减少，土地财政急剧萎缩，地方财政遇到前所未有的困难。

房地产市场的跌宕起伏，土地收入的时高时低、时有时无，给地方财政造成了很大的困难，因此，对土地财政必须要有新的认识，应该为土地财政叫"屈"。

第一，土地财政的提法不符合财政学的规范。研究土地财政，必须首先了解我国财政收入的构成，分清税收收入、财政收入、政府收入几个不同的概念。这三个概念的内涵和外延是不一样的，存在包含和被包含的关系，财政收入包含税收收入，政府收入包含财政收入、政府性基金收入、非税收入等。通常财政学上说的财政收入是指一般预算收入，主要以税收收入为主组成，还包括一定的非税收入，如行政性收费收入、罚没收入等，不包含土地出让金收入。一直以来，我国地方的土地出让金收入作为预算外收入，管理比较混乱，没有统一的规定和管理办法，有的地方归财政部门管理，有的地方归国土部门管理。2006年国家为了调控房地产市场的需要，出台了《国务院关于加强土地调控有关问题的通知》，明确土地出让总价款被全额纳入地方预算管理，实行"收支两条线"管理。这样，我国地方的土地出让金开始统一管理，作为政府性基金收入纳入预算管理。可见土地出让金收入只能属于政府收入，是政府凭借资源所有权取得的收入。而许多新闻媒体记者的报道文章，甚至一些专业人士把土地转让收入和财政收入相比，得出的土地财政比例，说成是地方政府对土地财政的依赖。其实，这种说法是不科学的，不符合我国目前财政实际的。

第二，土地财政没有想象的那样严重。由于我国东部地区，尤其是沿海部分城市土地出让不断创出新高，土地出让金收入比较大，社会上对土地财政比较关注。其实，土地财政的规模没有想象的那么多、那么大。土地出让收入包括土地出让的毛收入和土地出让的纯收入两部分，一般土地出让的纯收入比土地出让的毛收入要小。土地出让的毛收入就是土地出让的实际收入，土地出让的毛收入要扣掉土地拆迁费、失地农民安置费、社会保险费等费用，余额才是土地出让的纯收入，只有土地出让的纯收入才是政府真正可以使用的资金。一般土地的纯收入占毛收入的30%~40%。而近年来，由于物价的上涨和百姓民主意识、法制意识的增强，土地转让的成本和拆迁的费用越来越高，土地转让的纯收益有进一步下降的趋势，转让土地毛收益不够成本的现象也时有发生。可见，土地财政没有一般人认为的那么多，地方政府对土地的依赖没有想象的那么严重，而新闻媒体报道的主要是土地出让的毛收入。

第三，土地财政的地区分布是不均衡的。土地财政的收入即土地出让收入是由供求决定，由于级差地租的客观存在，土地在不同地区之间的价格是不一样的。在东部沿海地区，由于经济比较发达，人口密度高，城市化水平高，城乡居民的收入水平高，土地的价格就高，地方政府的土地出让金收入多。而在中西部地区，由于地域开阔，人口密度低，城市化水平低，城乡居民的收入水平低，土地的价格就低，地方政府的土地出让金收入也少。土地财政收入和经济社会发展水平是相一致的，土地财政收入主要集中在沿海省市，不同城市对土地财政的依赖是不一样的，东部经济发达，土地财政收入绝对额大，中西部经济相对落后，土地财政收入的绝对额少，因此，笼统地提土地财政的地位不符合实际。

第四，土地财政的收入是不稳定的。土地财政收入受市场影响，而土地市场又受国家宏观政策的影响。国家加强对土地市场的宏观调控，政府收紧土地，土地的交易就少，土地财政收入就少；反之，国家放松对土地市场的调控，政府放出土地，土地的交易就会频繁，土地财政收入就多。如2009年上半年，由于受2008年以来的房地产政策调控，房地产交易少，土地财政收入少；2009年下半年，国家放松对房地产的调控，鼓励房地产发展，房地产市场迅速回升，土地财政收入明显增加，新"地王"不断产生。而2011年以来，尤其是2012年受国家宏观调控，打压房地产市场的新政不断出台，政策的累积效应显现，房地产企业不愿接收土地，土地财政收入开始下降，有些城市甚至没有土地出让收入，地方财政出现了前所未有的困难。可见，由于我国房地产市场的政策性，土地财政收入受国家政策影响大，收入不稳定，具有不确定性。

第五，土地财政收入地方政府可调控的余地越来越少。由于土地转让收入的增加，地方政府土地财政规模的扩大，国家对土地财政的管理越来越重视，越来越规范，地方政府对土地财政的收入调控的空间越来越少。国家已明确规定，地方政府土地转让收入除了弥补正常的土地转让成本外，纯收益部分必须拿出一定的比例用于农村教育、用于农村水利建设等支出，此外，还要拿出一定的比例用于保障房建设。剩余的为数不多的部分，才是地方政府可以自由调度的，用于地方经济建设和社会公共事业发展。

第六，土地财政收入是不可持续的。土地财政收入不同于税收收入，税收是凭借政权而取得的收入，具有强制性、固定性和无偿性的特征，而土地财政收入是凭借土地资源所有权取得的收入。土地作为特殊的商品，稀缺性是其基本特点。一方面，随着城市化的发展，国家大量的基础设施建设需要用地；另一方面，国家为了稳定粮食生产，解决13亿人口的"吃饭"问题，必须确保 18 亿亩土地。由于过度开发，有些地方已没有多少可以开发的土地，出现了"地荒"。土地的稀缺性，决定了地方政府不可能无限地出售土地，也决定了土地财政收入的不可持续。

由此可见，从财政的角度看，土地财政的提法是不严谨的，土地财政也并没有想象的或新闻媒体宣传的那么严重。土地财政很大程度上是财政分配制度造成的，地方财力和政府事权不相适应是主要原因。要解决土地财政问题，最根本的办法还是要从制度着手，国家在中央和地方分税制财政体制的设计中，要给地方留有更多的财力，使地方政府有能力、有财力解决地方的公共支出问题，实现财力和事权的相适应。同时，国家要加快房地产税收的改革，用开征房地产税或物业税的形式代替土地出让金，避免地方政府把未来 50 年或 70 年的土地收入一次性收足，导致地方财政"寅吃卯粮"，吃子孙饭，透支未来的财政收入。

财政管理谋策略

实践出真知，管理出效益。公共财政的基本特征是为社会提供公共产品，满足社会公共需要，这就要求财政政策的制定、财政改革举措的出台，都要体现公开、公平、公正的原则，接受社会的监督，防止"暗箱操作"。而公共财政推行的财政国库集中支付、政府采购等财政管理制度，使财政运行机制得到创新，确保了财政资金的安全，提高了财政资金的使用效益，实现了"少花钱、多办事、办好事"的目标。

用好纳税人的钱，经受得起社会公众的监督，把财政绩效贯穿财政工作的始终，提高财政资金的使用效益，财政管理无止境。

数字化是财政管理的
新发展新突破

  恩格斯说："社会一旦有技术上的需要，这种需要就会比十所大学更能把科学推向前进。"从有线电视到数字电视，从固定电话到移动电话，从胶片相机到数码相机，从纸质图书到电子图书，等等。数字传媒、数字交通、数字电话、数字城市，甚至数字战争，一个个陌生的字眼、一个个陌生的概念，逐步进入人们的日常生活，逐步被人们所认识。信息化改革了人们的生活，技术进步改变了人类发展进程，人类社会发展已经进入一个数字时代。作为政府综合反映的财政，不再是传统的"算盘＋经验"的管理模式，同样面临着信息化的挑战。如何抓住信息化的机遇，推进财政数字化，实现财政管理的创新，一场财政管理的革命——数字财政被提到议事日程。

  随着信息技术和互联网技术的发展，财政的信息化建设，即金财工程建设推进多年，以国库集中收付为核心的财政资金的收付体系初步建立，财政的管理逐步走向规范化、科学化、精细化。但是，金财工程的建设离数字财政的要求还有不少距离，不少财政的信息仍然是孤立的、碎片化的，互相是不联通的。一方面，财政系统纵向的信息是不联通的。虽然财政部门对财政信息化建设是非常重视的，从中央财政到地方各级财政，都投入大量的人力、物力和财力用于财政信息化建设，但是，各级财政之间的网络是不互通的，软件是不兼容的，互相之间不少信息是不能共享的。另一方面，财政部门和政府其他部门横向的信息是封闭不联通的，财政信息化建设，要求财政部门的信息和公安部门的人口信息、卫生部门的医保信息、人力社会保障部门的养老信息等是互通的，只有这样财政预算编制才能做到科学化、财政管理才能精细化，但实际上部门信息是不共享的，彼此很难得到对方的真实信息。由于纵向和横向信息的封闭，不仅造成信息化的重复建设、资源浪费，而且影响了政府的科学决策和政策的科学制定，影响了财政管理的科学化、精细化。

而如何打破信息孤岛，实现财政系统纵向和政府部门横向之间的信息互通，这就需要建立数字财政。数字财政的实质就是围绕财政资金运动过程即资金分配过程，通过财政资金流和信息流的结合，实现财政管理科学化、精细化。数字财政不是凭空的创造，是结合数字化的理念，把互联网技术应用到财政管理上，是财政金财工程基础上的发展。

如何让数字财政从概念走向应用，以实现财政管理科学化、精细化，财政应该做到而且能够做到，率先突破、率先垂范。

首先，建立支撑数字财政建设的大平台。数字财政的关键是要突破信息孤岛，取得信息，尤其要把财政管理所需的信息都纳入数字财政的大平台，实现数字信息的大联网、大集中，这是数字财政的基础。这就要通过数字财政大平台的端口，把财政系统纵向的信息系统打通，对上要和上级财政的信息系统兼容，信息要沟通、政策要衔接，符合上级财政管理的要求；对下要能和下级财政的信息互通，要对下级财政进行指导和沟通，消除顾虑和信息封闭，实现信息采集、信息交流的畅通。同时，要把财政与政府部门和单位之间横向的信息系统打通，要和公安的户籍信息、卫生的医保信息、人力社保的养老信息等能够沟通，与财政资金分配、数字财政建设有关的信息要随时能够取得，资源能够共享。

其次，建立财政管理和信息化结合的数字财政操作系统。有了数字财政的大平台，集中所有与数字财政建设有关的信息，数字财政的操作系统就有了基础，而数字财政的目的是为了财政管理，保障财政管理能够实现科学化、精细化。一方面信息流要和财政预算结合。财政预算是财政工作的基础，是财政资金分配的源头，数字财政提供的信息是财政预算的依据，两者有机结合，既可避免资金的重复分配，又可规避资金分配的"苦乐不均"，可以为财政管理科学化、精细化创造条件，保障财政资金的合理分配。另一方面，信息流要和财政资金分配结合。根据数字财政提供的信息，通过数字财政的国库集中支付单一账户系统，将信息流和财政资金有机结合，实现财政资金的分配，保障财政资金分配的科学、规范。同时，信息流要和财政政策结合。数字财政提供了真实、可靠、准确的信息，政府就可以根据相关的信息，制定财政政策，实现财政政策的公开、公平，有利于城乡之间、区域之间的均衡发展。如此等等，通过数字财政的操作系统，将信息化和财政管理有机结合，避免了财政管理上的经验主义和想当然的做法，有效地实现了财政管理的科学化、精细化。

第三，建立全国一体化的数字财政。"一级政府，一级财政"。虽然我国建立的是分级财政，但财政是政府的财政，是政府政策的体现。数字财政建设必须全国"一盘棋"，避免"各自为政"，导致重复投资、重复建设。国家应该在统一规划的前提下，先在部分地区试点，在取得成效的基础上，逐步推广。有了数字财政的支撑，财政管理科学化、精细化就不再是口号，而有了实实在在的保障。

总之，万事开头难。改革是前无古人的事业，要有所突破，改革需要创新，财政管理改革同样需要创新。没有财政管理的创新，就没有财政管理的突破。数字财政作为财政管理的创新，突破了财政管理的信息封闭，实现了财政信息纵向和横向的互通，推进了财政管理的科学化、精细化，从而实现了财政管理的制度创新。要尽快使数字财政从无到有，从概念走向应用，要有创新的勇气、改革的胆魄，立足顶层设计，稳步推进，数字财政不再遥远。

乡镇财政建设有抓手

乡镇财政是我国最基层的一级财政，随着财政管理科学化、精细化的推进，一个不可回避的问题是如何加强基层财政尤其是乡镇财政建设，提高乡镇财政管理水平，发挥乡镇财政的职能作用，为社会主义新农村建设提供财力保障，这样，乡镇财政建设被提到议事日程，乡镇财政的地位作用又重新被人们所认识。

乡镇财政作为一级财政在我国的产生和发展，过程可以说是曲折的，经历过反反复复。乡镇财政是随着改革开放以后我国农村经济发展和乡镇政府的建立而发展起来的。1983 年 10 月，随着中共中央、国务院颁发的关于建立乡政府的通知精神以后，全国各地按照"一级政府，一级财政"的要求，乡镇财政陆续开始建立和发展起来。乡镇财政的建立，改变了农村经济社会事业发展的格局，有力地调动了乡镇政府当家理财的积极性，提高了乡镇政府的理财水平，乡镇的财源得到了开辟，乡镇的经济社会事业得到了发展，我国基层政权得到了巩固。但是，随着 2000 年农村税费改革的试点和推行，尤其是国家为了减轻农民负担，取消了农业税、农村特产税和屠宰税以后，以培养财源和征收农业税为主要职能的乡镇财政的职能削弱了，于是，全国不少地方的乡镇财政开始推行"乡财县管"的管理模式。这样，乡镇财政的职能弱化了、机构萎缩了、人员减少了，有些地方甚至取消了乡镇财政机构，直接将乡镇财政并入乡镇综合办公室或乡镇其他办事机构，乡镇财政仅仅承担乡镇财务的职能。

党的十六大以后，按照统筹城乡经济社会发展的要求，我国的公共财政开始向农村覆盖，公共财政从城市财政转为城乡财政，公共财政从城市居民财政转向城乡居民财政，尤其党的十七大提出"学有所教、劳有所得、病有所医、老有所养、住有所居"的和谐社会发展目标以后，公共财政进一步加大了向农村覆盖的力度，公共财政成为名副其实的民生财政，农村居民和城市居民一样享受公共财政的阳光。国家公共财政大量的资金投向农村，从免费义务教育、新型农村合作医疗、新型农民养老等公共服务到农村康庄公路、农民饮用水、有线电视等农村基础设施建设，从新农村建设到"家电下乡"、"农机直补"、"良种补贴"等直接对农民的补助，等等，到处都有公共财政的影子，而这大量的公共财政资金不少需要通过乡镇财政来管理，需要乡镇财政提供服务。这样，乡镇财政职能扩大以后，乡镇财政的现状和财政管理对乡镇财政的要求发生了矛盾，巩固乡镇财政、发展乡镇财政、壮大乡镇财政已成为形势所迫、任务所需。

要弱化或撤销一个机构难，不仅涉及到职能的调整，而且涉及到相关人员的重新分流和安置，会遇到各种阻力和困难，而建立一个机构更难：首先，要有法可依，我国《宪法》规定，我国实行五级政府，乡镇政府是我国的基层政府，我国《预算法》也要求"一级政府，一级财政"，乡镇政府作为基层政府需要有乡镇一级财政与之配套，建立乡镇财政是符合法律规定和要求的；其次，要有政府的支持，政府要实现职能必须有财力保障，乡镇财政是为乡镇政府理财服务的，理财的主体是乡镇政府，乡镇财政是乡镇政府不可或缺的组成部分；第三，要有社会的需要，政府公共财政大量的涉农资金，需要乡镇财政管理、需要乡镇财政监督，否则，公共财政的安全无法保障，公共财政资金的绩效难以体现，乡镇财政是社会所必需的，是不可替代的；最后，要有百姓拥护，政府公共财政大量的涉农资金，如何能够真正用在"三农"上，老百姓如何能够真正有知情权，这些都需要乡镇财政来管理和服务，唯有如此老百姓才能放心。显然，乡镇财政符合这些要求，建立和强化乡镇财政是合理合法的、有理有据的。

乡镇财政建设可以说是"万事俱备，只欠东风"。但在当前基层政府机构改革，严控机构、严控编制、严控行政成本的情况下，如何抓乡镇财政建设，必须要有科学的定位。

新形势下的乡镇财政建设，不是原有乡镇财政简单的复制，必须根据新形势、新情况、新需要重新界定乡镇财政的职能范围、作用重点，顺势而为，高起点、高标准要求乡镇财政、建设乡镇财政，以巩固基层财政的基础。

第一，把乡镇财政建设成民生型财政。公共财政的本质特征是为社会提供公共产品，实质是民生财政。按照公共财政的要求，我国的财政已向民生转型，不少地方财政支出或者财政支出增量的2/3以上用于民生。乡镇财政必须按照民生财政的要求，把职能和工作目标定位在民生财政上，为"三农"服务，为广大农村居民提供义务教育、公共医疗、社会保障等公共服务上，并根据财力的可能，不断提高公共服务水平，逐步实现城乡基本公共服务水平的均等化，消除城乡"二元"结构。

第二，把乡镇财政建设成服务型财政。乡镇财政扎根基层，面向"三农"。如果说乡镇财政建设初期是以征收农业税为重任，属于征收管理型的基层财政，而如今的乡镇财政工作目标和重点已发生根本变化，主要任务是服务"三农"，工作重点在财政支出管理，主要职责是为群众办事提供方便。乡镇财政必须按服务型财政的要求，适应新农村建设和发展的需要，转变职能，改变工作方式，统筹安排财力，为农村发展提供支持，为农村建设提供帮助，为农民增收提供保障。

第三，把乡镇财政建设成节约型财政。按照"经济节约型、环境友好型"——"两型社会"建设的要求，新形势下的乡镇财政既不是机构改革精简的对象，也不是乡镇人员分流的场所，必须是机构精简、人员精干的管理机构。一方面，乡镇财政的机构要精简，工作流程要简化，办事要顺畅，和节约型的机关相适应；另一方面，乡镇财政的人员要精干，素质要高，要懂业务熟悉政策，是政府理财的行家、能手，能兼任多岗位的工作需要，以提高工作效率和办事效率，从而把乡镇财政打造成节约型财政。

第四，把乡镇财政建设成公开型财政。乡镇财政是以服务"三农"为宗旨的基层财政，要服务好"三农"，让政府放心、让社会满意、让百姓肯定，乡镇财政必须是公开型的财政。政策要公开、制度要公开、管理要公开，让群众知晓。也只有公开了，才能做到公正、公平，否则，"暗箱"操作是不可避免的，乡镇财政提供的公共服务就不能客观公正；也只有公开了，乡镇财政才能自觉接受乡镇人大、社会舆论、社会公众的监督，乡镇财政资金的使用才不会偏离方向，才不会浪费流失。因此，必须按照公开型财政的要求建设乡镇财政，使乡镇财政的作用得到真正发挥。

第五，把乡镇财政建设成数字型财政。科技进步为财政科学化、精细化管理提供了条件。新形势下的乡镇财政不再是传统的记账型的财政，建设起点要高，必须把现代化的管理手段运用到乡镇财政管理中。要借助信息化管理方式，和上级财政、乡镇政府和部门的信息保持沟通，实现信息共享，使乡镇财政做到依法理财、政策执行到位。同时，按照信息化的要求，乡镇财政必须把乡镇范围的公共服务，乡镇财政供给范围的资料库建设好，做到资料完整、数据真实，随时满足管理需要，实现乡镇财政管理的数字化。

总之，新形势下的乡镇财政必须是民生型、服务型、节约型、公开性、数字型财政，是廉洁高效、务实创新、协作规范的财政，只有这样，我国财政的基层才能稳定，基础才能扎实，乡镇财政科学理财、为民办事、服务"三农"的职能作用才能真正发挥。

财政不能不讲绩效

所谓效益，就是所费和所得的比例；提高效益，就是以较少的投入获取更多的产出，或者是以相同的投入获得更多的产出。在社会主义市场经济条件下，作为市场主体的企业追求的目标是经济效益最大化和资产价值最大化，这是市场机制所决定的，否则，企业就难以生存和发展，会在竞争中被市场淘汰。而作为社会管理者的政府，也要追求效益，但政府不同于企业，不以营利为目的，它既要追求经济效益，更要追求社会效益，要把经济效益和社会效益有机地结合起来，实现社会资源的合理配置和居民社会福利的最大化，这是由政府的职能决定的。可见，追求效益是市场主体和政府的共性，无非是市场主体和政府所追求的目标不一样而已，这是市场经济的本质特性。

财政资金不同于银行的信贷资金，无偿性是财政资金的主要特征，这使得各级政府和部门对财政资金的使用普遍缺乏效益观念，只注重财政资金使用，对资金使用的效果缺乏追踪、缺乏评价和考核，以至于效益不高和铺张浪费时有发生，影响了财政资金作用的发挥。随着公共财政改革目标的确立，我国在公共领域开始吸收和引进西方发达国家的做法，按照财政预算编制、执行和监督三分离的要求，先后推行了部门预算、财政国库集中支付、政府采购等公共财政管理改革，对部分政府投资项目进行绩效评价，等等，通过这些改革来提高财政资金的使用绩效。从各地的实践看，上述措施都不同程度地取得了一些成绩，积累了一定的经验，初步建立了财政绩效管理模式，但这仅仅是开始。

良好的开端是成功的一半。财政绩效管理的实践为财政绩效管理的全面实施和深入推进提供了可能，创造了条件，但要改革长期形成的财政资金无偿性和财政资金使用不讲效益的做法，不是一朝一夕就能够完成，也不是一朝一夕就能够见效的，财政绩效管理未来的道路还很漫长，甚至可能会遇到各种阻力和压力，各级政府和财政部门要有清醒的认识，必须树立财政绩效理念，加大财政资金绩效评价的力度，把绩效管理贯穿于财政工作的始终，将绩效管理进行到底。

第一，绩效理念是前提。思想是行动的指南，绩效理念是财政绩效管理的前提，是绩效管理能够坚持和实施的有力支撑。长期以来，财政资金无偿的观念深入人心，财政的钱不用白不用的错误想法屡见不鲜，造成财政资金使用效率不高，地方政府和部门往往把主要精力用在争取财政资金和项目上，对争取到资金的使用效益关心不够，这种错误思维和思想方式必须改变。公共财政的基本特征是"取之于民，用之于民"，财政资金来自社会，主要是企业和居民缴纳的税收，企业和居民有权知道财政资金的使用方向和使用效果，政府无非是代理纳税人用钱，这样，政府有义务用好钱，必须要对纳税人、对社会负责，接受纳税人和社会监督。因此，政府必须树立财政绩效理念，在财政资金筹集、分配、使用的每个环节都要精打细算，把钱用在"刀刃"上，该花的钱必须用好，不该花的钱坚决不花。

第二，绩效预算是基础。预算是财政的核心和基础，是财政工作的中心环节，直接关系到各级政府和部门的可用财力，决定了政府和部门的职能大小和工作职责。预算一旦获得人代会通过，必须付诸实施，不得随意追加，以体现预算的严肃性。但预算的编制必须体现财政绩效的原则，要改变过去长期形成的"基数＋增长"的基数法，要按照因素法和零基预算的要求编制绩效预算，把绩效理念和财政资金的绩效评价结果运用到绩效预算上。要根据政府承担的职责和工作重点，预算安排必须有增有减，有所侧重，以避免"平均主义"和"苦乐不均"，努力做到"花小钱办大事"和"花小钱办好事"。对事关经济社会发展和民生保障的重点支出和重要项目，必须优先保障；对资金使用绩效不高，使用效果不好，或者根本不需要的资金，在编制绩效预算之前就给予取消或核减，发挥好绩效预算的功能。

第三，绩效评价是抓手。财政资金的使用不等于财政工作的结束，必须对财政资金使用的效果进行评价，这不仅有利于加强财政监管，更有利于督促财政资金使用的部门和单位提高财政资金使用绩效。绩效评价涉及面广、工作量大，仅靠财政部门的力量，要把财政资金的绩效评价工作做好，财政部门往往是"心有余而力不足"，必须发挥会计师事务所等中介机构的作用，并建立相应的人才库，按照财政绩效评价的要求，委托中介机构和人才库的专家进行评价。同时，要发挥好财政绩效评价结果的作用，将财政资金使用绩效的好坏，作为是否保留或取消财政专项的依据，并作为财政绩效预算的依据。当然，绩效评价必须落到实处，不能流于形式，只评好不评坏，只重形式不重结果，否则，绩效评价的作用不仅不能得到发挥，反而会起到反作用，使一些不好的专项或发挥不了作用的专项反而有了存在的依据。

第四，绩效监督是保障。财政绩效能否在财政工作中得到全面贯彻，有好的制度固然重要，但确保制度的执行同样重要，这离不开财政绩效的监督。从财政预算编制到预算的执行、从绩效评价到评价结果的应用等每个环节，即通常所说的财政资金运行的"事前、事中、事后"每个环节，都要有绩效监督，以确保财政绩效的真正实现。对财政绩效管理执行不力或实施不到位的，必须要有惩处机制，建立可操作的处罚办法，作为财政资金分配的参考依据，从而确保财政资金的绩效管理能够得到实实在在的运行，实现财政的持续、平稳、健康发展。

总之，从财政绩效理念，到绩效预算，再到绩效评价，最后到绩效监督，每个环节层层相扣，互相衔接、互相联系，都是财政绩效管理不可或缺的组成部分，贯彻于财政工作的始终，有利于提高财政资金的使用效益，推进财政管理科学性、精细化。

建立县级财政保障机制的
路径选择

郡县治则天下安。自秦统一建立郡县制以来，县级政权一直是我国政权的重要组成部分，是维护社会稳定，促进地方经济社会发展的主要承担者，是我国政权的基础，有"县市强，则国家强；县市稳，则政权稳"之说。而财政则是政权运行的保障，是国家政局稳定的重要支撑，县级财政的地位举足轻重，不可或缺。但是分税制改革以来，国家为了增强中央财政宏观调控的需要，财力逐步向上集中，而与此同时，随着公共财政职能的扩大，公共财政不断加大向农村覆盖，县级政府财政的事权不断扩大，县级财政的事权和财力矛盾突出，导致县级财政困难，提供公共服务能力的下降，县级财政的保障能力受到影响。

要缓解县级财政困难，增强县级财政提供公共服务的能力，县级财政保障机制建设尤为必要。而县级财政保障机制建设的路径选择必须从国情出发，从地方的实际出发，从发展经济、完善体制、加强管理、强化监督等方面着手，改善县级财政的发展现状，使县级财政有实力、有能力、有效力提供公共服务，使县级财政的职能作用得到充分发挥，推动社会经济事业发展。

第一，发展经济强实力。"经济决定财政，财政反作用于经济"。在所有与财政关系的因素中，经济是基础，只有经济发展了，财源培养了，财政收入的来源才有保障，才有可供分割的"蛋糕"，县级财政保障机制建设才有基础。否则，财政则成了无源之水、无本之木，财政的职能作用难以发挥。要加强县级财政保障机制建设，关键在于发展经济，这是基础。各地要结合地方优势，重点发展能耗低、污染少、高附加值的产业和行业，积极培养地方财源，为县级财政稳定增长奠定基础。首先要发挥比较优势，做大经济"蛋糕"。比较优势是一个地区发展县域经济的基础。由于各地的区位优势、资源优势、科技优势、劳动力优势等不同，各地发展经济的基础和条件是不一致的，各地必须从实际出发，"宜农则农，宜工则工，宜商则商"，做好县域经济发展的顶层设计、顶层规划，发挥好比较优势，推动经济又好又快发展。其次，要提高亩产税收贡献度，做大财政"蛋糕"。由于受到资源要素的严重制约，县域经济发展必须转变经济发展方式，提高经济发展的财政贡献度。一方面要培养主体财源。工业是财政收入的主要来源，是财源培育的主要方向。各地要重点培养财政贡献度高，对地方财源有贡献的产业。另一方面要大力发展服务业，培养新兴财源。服务业是和城市化、现代化相适应的，从财政税收角度来看，服务业是地方财力的主要来源。服务业的发展不单单是直接增加了营业税等地方税收入，还可以带动其他收入的增长，它的发展状况直接制约着地方财政收入，对地方财政平衡起着重要作用。只有财政"蛋糕"做大了，县级财政的保障机制建设才有基础。

第二，改善财政预算管理增活力。在我国，财政收入和政府的财力是不同的两个概念，政府财力除了一般预算收入外，还包括政府性基金收入、行政性收费、土地出让金等非税收入。在财力既定的情况下，是集中管理还是分散管理，是多头理财还是集中理财，直接关系到县级财政的能力，关系到县级财政提供基本公共服务的能力。而通过分配制度的创新，管理制度的变革，能够增强县级财政的实力，增强县级财政提供公共服务的能力，是县级财政保障机制建设的有力支撑。一方面要统筹政府财力。要缓解县级财政困难，增强县级财政的保障能力，必须清理分配秩序，巩固财政在政府财力分配中的主导地位。要取消政府各部门的银行账户，一些有收费职能的部门必须做到"收钱不管钱"，收支要脱钩，所有的非税收入要纳入财政统一的账户，按预算的要求，实行"收支两条线"管理。政府所有的财政性收入，包括近年来随着城市化进程加快而不断增长的土地出让金收入、国有资源转让收入，甚至是地方政府的债务收入，都要由财政统一管理，统筹安排。另一方面要编制综合预算。财权集中了，财力统筹了，县级财政要根据"收支平衡，略有结余"和"一要吃饭，二要建设"的理财原则，按照地方政府工作的重点和工作的轻重缓急，将县级政府的各种财政性收入，即预算内收入和预算外收入通盘考虑，编制综合预算。编制预算盘子要打破长期形成的"基数＋增长"的简单预算编制方式，采用因素法，按照零基预算和绩效预算的要求，编制部门预算。同时，按照财政国库集中支付改革的要求，采取集中支付或授权支付的方式，由财政国库单一账户体系进行支付，以避免财政资金体外循环和单位、部门截留。只有这样，通过综合的公共预算改革，才能将分散的财力变成集中的财力，将张开的五指变成紧握的拳头，增强地方政府的财政实力，实现集中财力办大事。

第三，推行省管县财政体制保能力。县级财政保障机制建设的重点、难点在经济欠发展地区，而调节地区财力差异的主要手段是财政体制，即上下级政府之间的财力分配关系。在财政"蛋糕"既定的前提下，如何建立合理的财政体制，科学地划分财政"蛋糕"，使财力在各级政府之间合理分配，这是缓解县级财政困难，确保县级财政有财力提供公共服务的关键。在中央和地方分税制财政体制既定的前提下，省以下的财政体制显得尤为重要。而这种体制设计直接关系到地方经济发展，关系到地方可用财力，关系到县级财政公共服务能力的提供。改革开放以来，按照"分灶吃饭"的理财思路，全国各地先后推行了"市管县"的财政体制，"市管县"的财政体制适应了"市管县"的行政体制，扩大了市一级政府的理财自主权，也推进了城市化进程，但推行"市管县"的财政体制，容易出现"市刮县"的情况，从而导致政府财力"穷者越穷，富者越富"，财力差距不断扩大的"马太效应"。而省管县的财政体制的核心是省级财政直接和县级财政结算，不用通过市一级，避免了"市刮县"，提高了行政效率，减少了管理层次。同时，省财政通过省级财力的适当集中，重点加大对经济欠发达地区的财政转移支付，从而增强经济欠发达地区财政提供公共服务的能力，有利于实现地区之间基本公共服务的大体均衡。各地要加快推行省管县的财政体制，没有试点的要抓紧试点，已试点的要抓紧全面推广，加快缓解欠发达地区县级财政困难，提高县级财政提供公共服务的能力。

第四，加强财政资金监管提效力。加强对财政资金的监管，不仅能抑制腐败，更重要的是能减少财政资金使用的浪费，避免无效的公共服务所造成资源的浪费，有利于发挥财政资金的使用效益，相当于一定的财政资金产生更大更多的效益，可以确保县级财政提供的公共服务更加有效力，提高了县级财政保障机制的能力。因此，县级财政要不断挖掘潜力，强化财政监管，提高效力，实现财政资金使用上的"精打细算"，以增强县级财政的保障能力。一方面要细编部门预算。部门预算是财政综合预算的基础、是财政综合预算的依据，也是加强财政资金监管的前提。这要求部门预算不再是以前的那种"外行看不懂，内行看不清"徒有虚名的抽象预算，部门预算必须是一个部门一本预算。预算要按照精细化的要求，用零基预算的方式，将预算内外资金通盘考虑，科目要细化到类、款、项、目等，编制综合性的部门预算。部门预算要反映部门收支的全貌，并作为财政预算安排和开展财政资金监管的依据。另一方面要开展对财政资金的绩效评价。财政资金的绩效评价作为财政资金使用过程中的重要环节，对转变部门观念，提高财政资金的使用效益能起到很好的作用。对资金使用的每一个环节，包括资金的到位情况、资金的使用情况、资金的结余情况，都起到监管作用，可以有效避免资金的截留、挪用等违规现象的发生。县级财政部门要重视财政资金的绩效评价这一环节，并把它作为提高财政资金效益和下年度财政预算的重要依据，作为改进工作方式方法和编制财政预算的重要依据。同时要公开理财。政府的理财要公开，包括政府的预算要公开，不仅要向人大公开，接受人民代表的监督，而且要向社会公开，要接受社会公众和社会舆论的监督，避免"暗箱操作"，真正体现公共财政"取之于民，用之于民"的本质要求。财政监管加强了，财政资金的使用效益就能提高，就能实现"花小钱办大事"和"花小钱办成事"的政策目标，相对增强了县级财政的保障能力。

第五，坚持量力而行添活力。在收入不能完全或者不能很好地满足财政支出需要的前提下，要使有限的财政资金办成更多的社会事业，必须坚持"量力而行，收支平衡"和"广覆盖，低标准，稳提高"的理财思路，这是县级财政保障机制建设的前提。这就要求严格控制财政支出水平和标准。严控财政支出，必须要有制度和标准，否则，难以执行。一方面要及时出台严控财政支出的制度和标准。出台的政策要符合我国的国情和社会消费的水平，有量化的尺度和可执行的标准。如对会议费的开支，必须规定不同性质会议的时间长短和开支标准；对公务接待，必须明确食宿的标准；对公务用车，必须明确配备公务用车单位的资格，配车的标准和价格额度，等等，便于部门和单位执行，使政府的支出"有据可依，有据可查"。这样，财政支出的水平和标准就能够控制，财政支出水平就能够降低，支出的刚性就不会被突破。另一方面要建立"以收定支"的预算制度。我国的预算法规定，地方政府预算不能出现赤字，也不能举债。在这种形势下，在确保县级政府职能的实现，民生事业的推进，在考虑财力可能的前提下，建立"以收定支"的预算制度，把地方财政赤字和举债的行为消灭在萌芽状态，以规避地方财政风险，有利于地方财政的持续稳定发展。

财政体制促完善

　　一级政府，一级财政。在我国，除了中央财政外，还有地方财政，地方财政包括省、市、县、乡镇财政，而财政体制实质是政府间事权和财权的划分问题，这直接关系到各级政府的可用财力，进而关系到经济社会发展的进程。在财政收入"蛋糕"既定的前提下，中央财政集中多了，留给地方财政的就少，反之亦然。在财政体制调整中，中央和地方的"博弈"始终存在，而这种"博弈"正是财政体制不断健全和完善的动力所在、源泉所在。

　　分税制明确了中央和地方的财政关系，随着营改增的推进，未来财政体制改革提到议事日程。对财政体制的调整，各级政府必须未雨绸缪，及早准备，以确保在财政体制调整中争取主动。

省以下分税制财政体制改革难在何处?

财政体制是上下级政府之间的财政分配关系,实质是政府之间财权和财力的划分,直接关系到政府财政的收支规模和职能大小。改革开放以来,我国中央和地方之间的财政体制先后实行过"划分收支,分级包干",即"分灶吃饭"、"划分税种,分级包干"、"财政包干"和"分税制"。和其他类型的财政体制相比,分税制财政体制的基本特点是政府之间有明确的收支范围和规范的财政转移支付制度,符合市场经济发展要求,有利于发挥中央财政的宏观调控作用和调动地方政府当家理财的积极性。

我国从 1994 年开始推行分税制财政体制,经过十多年的运行,分税制财政体制的效应得到了发挥。首先,规范了中央和地方政府的财政分配关系。在分税制财政体制之前,中央和地方之间财政体制有"总额分成"、"财政包干"、"递增上缴"、"定额补助"等多种类型,财政分配不规范。分税制统一了中央和地方的财政分配关系,促进了经济结构的调整和市场秩序的规范,推动了经济社会的协调发展。其次,增强了财政的调控能力。分税制扭转了国民收入分配的格局,提高了财政收入占国内生产总值和中央财政占财政总收入的比重,增强了财政尤其是中央财政的宏观调控能力,为确保区域均衡发展和基本公共服务均等化的实现提供了财力保障。

按照分税制财政体制改革的要求,分税制财政体制除了中央和地方财政之外,省以下也要全面推行。参照中央和地方分税制的做法,省以下政府财政关系,主要包括省和市县、市县和乡镇等,也推行了分税制改革,但做法是各有千秋、参差不齐，有的地方是实行总额分成的分税制；有的地方是将共享税的地方部分再在省和市县划分的分税制；有的地方甚至可以说徒有分税制之名，无分税制之实，等等。与中央和地方的分税制相比，省以下的分税制是不统一、不规范的。

在省以下推行分税制，为什么会变形，甚至走样，以致出现各种各样的问题，省以下分税制改革难在何处？这是推行省以下分税制改革必须要理清楚的。

原因之一，省以下分税制难在地方政府的级次多。我国宪法规定，我国实行五级政府，省以下包括省、市、县市、乡镇四级。而发达国家行政体制比较精简，一般实行三级政府，如美国是联邦、州和地方政府三级；加拿大是联邦、省、市政府三级；澳大利亚是联邦、州、市区政府三级，等等。政府级次愈多，推行分税制体制的难度愈大，成本愈高。按照市场经济"小政府，大市场"的要求，市场是资源配置的基础，政府仅仅是市场经济的"守夜人"，主要充当宏观调控的功能。我国政府也提出了有条件的地方要推行省管县的行政体制改革试点，财政部从2009年就提出要推行省管县的财政体制，这些改革都为省以下分税制改革创造了条件，有利于比较规范的分税制财政体制在省以下的推行。

原因之二，省以下分税制难在地方政府缺乏主体税种。1994年的分税制改革，我国把增值税作为中央和地方共享税，把所得税、营业税和房产税、城建税、土地使用税等小税种作为地方税，所得税和营业税是地方主体税种，在地方财政收入中占有重要位置。但随后国家为了增强中央财政的调控能力，推进区域均衡发展，2002年把所得税改为共享税，共享比例五五分成，2003年改为六四分成，六成归中央，四成归地方；2012年开始，营业税改征增值税即"营改增"的试点，这样，随着所得税分享改革和"营改增"的推进，属于地方的主体税种就没有了，这给省以下分税制改革造成了很大的困难。而像美国等实行彻底分税制的国家，每级政府都有固定的主体税种，如联邦政府的所得税、社会保障税，州政府的商品销售税，地方政府的财产税。我国省以下分税制改革，亟须培养和壮大属于地方的主体税种。我国新一轮税制改革的推进，尤其是新税种的开征，费改税和小税种的培养壮大，都将有利于我国省以下分税制财政体制的建立。

原因之三，省以下分税制难在地方政府缺乏税权。税权主要指税收的立法权，包括税种的开征、停征、免征，以及税收的减免等方面的权利。我国的税权统一，主要集中在中央，这种体制的好处是有利于税收政策的统一，有利于规范市场经济秩序和地区之间的公平竞争，但由于我国地区之间的差异大，地区之间的发展不平衡，税权的高度集中也影响了地方政府的积极性，限制了地方政府因地制宜开辟税源的积极性，也给省以下分税制的改革带来了一定的影响。而实行分税制的国家，州或省一级政府是有一定的税权的。如美国的个人所得税是联邦政府的重要收入来源，有些州和地方也开征州个人所得税和地方个人所得税，有些州和地方不开征。美国的商品销售税是州政府的主要收入来源，但各州的税率是不一样的，最高税率达到10%。加拿大的情况也类似，加拿大的商品服务税由联邦政府和州政府分别征收，联邦的税率全国统一，州的税率则各异。适当下放税权，给地方政府主要是省一级政府一定的税权，这是符合税制改革方向的，也有利于省以下分税制改革的推进。"十二五"规划明确提出，要逐步健全地方税体系，赋予省级政府适当税政管理权限。这为我国税权的适当下放明确了方向，不仅有利于地方税体系的建设，也有利于省以下分税制财政体制改革的深化。

原因之四，省以下分税制难在地方政府事权难划分。一级政府，一级事权，一级财权，这是分税制的前提。事权是财权的基础，财权是事权的保障，事权和财权相适应是分税制财政体制推行的有力保障，而我国各级政府之间事权划分不清是省以下分税制难以推进的重要障碍。分税制推行以来，中央和地方财权是清晰的，但事权却不清晰。政府财力有向上集中的趋势，而政府的事权不断扩展、不断下放，许多民生政策的出台、民生改革的推出基本上是"上面出政策，下面出资金"，需要地方政府资金配套，从而导致基础财政困难。省以下政府的事权更加不清，划分的难度更大，给省以下分税制的推行造成了很大的困难。党的十八大指出，要加快改革财税体制，健全中央和地方财力与事权相匹配的体制。省以下分税制财政体制改革必须攻坚克难，从划分事权着手，在此基础上，再划分财权，以实现事权和财力相适应，这样，省以下分税制财政体制推进才有可能，才会取得成效。

如此等等，由于各地的省情、资源禀赋、经济社会发展水平不一，推行分税制各地遇到的问题可能不一，有些是共性的，有些是个性的。但无论如何，理清了省以下分税制改革的难处，推行省以下分税制改革就有了方向。从中央到地方，各级政府应该围绕省以下分税制改革的难点，创造条件，逐步解决，确保分税制财政体制在省以下全面推行、规范运行。

财政省管县改革"倒计时"

　　所谓省直管县财政体制，即省级政府将财政收支、转移支付、财政结算、资金调度、项目申报、债务偿还等权限直接下放到县级政府，而地级市的财政资金仅限于地级政府所在市，与辖区内的县没有对应的结算关系。2009 年，财政部提出，到 2012 年全国除了民族自治区以外的所有省都要推行省管县的财政体制。按照财政部的要求，全国各省普遍全面推行或试点推行省管县财政改革。时间进入 2012 年，省管县财政改革进入"倒计时"。

　　全国最早实施的省管县财政是浙江、宁夏和海南。省管县财政体制的优势是减少了决策层次、提高了决策效率，浙江省因为一直以来坚持省管县财政体制，发挥财政体制机制的优势，由山多地少、资源要素缺乏的资源小省，发展成为经济大省、经济强省，基本实现了基本公共服务均等化和城乡一体化，以及区域经济的均衡发展。浙江经济的发展模式和省管县财政体制的优势得到了社会的肯定。在全国不少地区财政比较困难、地区发展差距仍有扩大的情况下，推广省管县财政改革是合理的选择。

　　目前，各地在推广省管县财政体制改革过程中，由于涉及利益的调整，肯定会遇到各种各样的困难，尤其是认识上的不统一，包括理论界认识的不统一，自然影响改革的进程。理论界对省管县财政改革有不同的意见，这是正常的现象，是"百家争鸣"学术繁荣的表现，不应成为决策的障碍。不少学者认为，省管县财政之所以在浙江等省区取得成功，是因为这些省区具有共同的特点，即区域面积比较小，省与市县的联系方便，比较容易推进，而在其他一些省份推行则有一定困难，主要是区域面积大、交通落后、通信不畅等。那么，这是不是影响或阻碍省管县财政改革推进的问题所在呢？

从交通条件看，国家对交通的投入不断增加，航空线路、机场越来越多；铁路越来越密集，电气化水平不断提高；高速公路的里程不断增加，我国已成为仅次于美国的世界高速公路最多的国家，有一些省已实现了县县通高速公路。从通信条件看，不少省、市、自治区已实现了村村通电话、通有线电视、通广播，手机信号全覆盖。从信息化条件看，随着互联网和数字电视的普及，我国县一级政府基本推行了电子政务，信息的传输越来越方便。应该说，交通、通信条件的改善，使空间距离越来越短、越来越小，可谓"交通改变距离，天涯海角近在咫尺"，"同一个地球，同一个世界"，更何况在一个省内，而信息化又为省管县财政体制的推行提供了技术支撑。基础条件不断改善为省管县财政体制推行创造了条件，越来越有利于省管县财政体制的推广。可见，随着交通、通讯条件的改善、信息化水平的提高，这些问题已基本解决；随着经济的发展，社会的进步，这些看似问题的问题已不是问题。

当然，财政体制的本质是财力的划分，牵一发而动全身，在推进工程中必须处理好各种关系，稳步推进，发挥好省管县财政体制的优势，促进经济社会事业的全面发展。

首先，要进一步统一思路认识。省管县财政体制在浙江之所以取得成功，关键在浙江省委、政府的坚持，把体制的优势和浙江的省情很好地结合，实现了浙江省范围内区域经济社会事业的均衡发展。而市管县财政体制虽然也有体制的优势，但不能很好解决区域经济社会事业均衡发展问题，在某种程度上市管县财政体制会出现"市刮县"的情况，导致富者愈富、穷者愈穷的"马太效应"。我国区域经济发展差距仍然比较大，原因是多方面的，财政的管理体制也是一个重要方面。对区域经济的均衡发展，国家是很重视的，中央财政把大量的财政资金向中西部转移支付就是这个道理，至于地方的区域均衡发展，主要靠地方财政来调节。各地要进一步统一思想认识，按照财政部的要求，加快省管县财政改革的推进，以确保区域经济的均衡发展和基本公共服务均等化的实现。

其次，地方财力要适当向市县倾斜。县级政府是我国的主要基层政府。在我国五级政府中，2 000 余个县市是国家财政收入的重要来源，是基层公共服务的主要提供者。分税制财政改革以后，国家财力主要向上集中，尤其是向中央财政集中，而事权逐步下放，县级政府财政的公共服务职能愈来愈重。县级财政不同于中央财政和省级财政，中央财政出现困难可以增税或者发行国债，省级财政困难也可以向中央财政要求增加补助或向县级财政要求增加上缴，而县级财政困难是真正的困难，缓解困难的办法和手段几乎没有回旋的余地，可谓是"巧妇难为无米之炊"。党的十七届五中全会决议专门提出"要增强县级政府提供公共服务的能力"。面对分税制改革以来，"财权向上集中，事权向下转移"的现实，要增强县级政府提供公共服务的能力，解决基层财政困难问题，根据财权和事权相适应原则，只能从财力着手，财力要向县市级财政倾斜，尤其是对人均财力水平低的财政困难县市给予重点倾斜，确保县级政府能够提供基本公共服务。

第三，要规范财政转移支付。分税制改革以来，我国已经建立包括以一般转移支付制度和专项转移支付制度为主体的财政转移支付制度。一般转移支付是不规定具体用途，由地方政府统筹安排的转移支付形式，而专项转移支付是上级政府为特定的政策目标而设立的资金，其特点是专款专用，有利于经济和社会事业发展，但目前我国的专项性转移支付越来越多，相互之间缺乏统一的协调机制，影响了转移支付功能的发挥。国际上通行的做法是，将一般性转移支付作为对地方财政转移支付的主要形式，其占全部财政转移支付的比例在50%左右。因此，省管县财政改革，应当适当降低专项补助规模，加大一般性转移支付补助力度，将其中用于弥补财力不足的补助逐步纳入到一般性转移支付中去，提高一般性转移支付比例，使其成为财政转移支付的主要形式。

第四，要调动市级财政的积极性。新中国成立以来，我国的地方财政体制几经调整，从省管县财政体制，到后来的"省管市、市管县"财政体制，再到现在推行的省管县财政体制改革，每种体制都有它的优势和弊端，关键是要扬长避短，避开劣势、发挥优势。"省管市、市管县"财政体制也有很多优势，值得总结和发展，应该在省管县财政体制的前提下，把省管县财政体制和"省管市、市管县"财政体制的优势结合起来，省财政集中财力、突出重点，重点支持经济欠发达地区，以及部分发达地区的欠发达县市，而对经济发达地区，要增强中心城市的功能，突出中心城市的地位，发挥中心城市的带动作用，省财政要鼓励和引导中心城市财力向县市倾斜，对中心城市财力向所辖县市转移支付的，省级财政应给予一定的补助，以调动中心城市的积极性。

以体制调财力促统筹

　　城市是区域内人才、资金、技术等各种资源集中的地方，经济发展的过程就是城市化的过程，工业化、城市化、现代化，这是现代经济社会发展的必然趋势，世界各国城市的发展无不证明这一规律。由于自然、历史、经济等方面的原因，我国一直存在城乡"二元经济"结构问题。长期以来，我国经济发展也是走城乡"二元"的道路，国家通过农产品"剪刀差"的形式，牺牲农业和农村的利益，以农业扶持工业、农村扶持城市的方式，推动城市的发展，以至于我国农村发展长期滞后于城市，城乡差距不断扩大。

　　但这种牺牲农业和农村利益发展工业和城市的道路也是不可持续的，农业是国民经济的基础，没有农业的发展，没有农业为工业提供原材料、为城市提供农副产品，没有农村为工业提供广阔的市场，工业的发展、城市的发展就会受到"瓶颈"制约。如果国家不进行调节，经济发展到一定阶段，就会出现经济发展不协调，经济结构失衡，乃至经济发展停滞。

　　农村税费改革以来，公共财政开始向农村覆盖，逐步把农村纳入公共财政的保障范畴，尤其是党的十六大提出统筹城乡经济社会发展的战略目标以后，公共财政进一步加大了向农村投入，加大对农村的道路、水利等基础设施的投入，加大对农村教育、社会保障、公共安全等民生事业的投入，加大对良种、农机等现代农业的投入。通过工业反哺农业、城市反哺农业来改变农村的面貌，以弥补国家对农村的欠账。国家统筹城乡经济社会发展战略，其实质是国家不再把城市和农村作为两个截然分开的整体，实施两种体制、两种政策，人为造成城乡分割，而是把城乡作为一个整体通盘考虑、统筹发展，实现城乡"一体化"。

统筹城乡经济社会发展需要大量的投入，而这种投入大多体现的是社会效益，没有经济效益或者经济效益比较低，这离不开公共财政的投入、离不开公共财政的支持。公共财政是统筹城乡经济社会发展的重要保障。但公共财政的财力毕竟是有限的，而统筹城乡经济社会发展对公共财政的需要又是无限的，如何处理好有限和无限的矛盾，关键要抓重点、抓主要环节。

从公共财政的财力分布看，统筹城乡经济社会发展的重点在基层，难点在经济欠发展地区，财政体制的调节作用举足轻重。

第一，发挥省管县财政体制的优势，平衡地区财力，为统筹城乡经济社会发展提供财力支撑。区域发展不平衡是客观事实，是不以人的意志为转移的。省管县财政投资的优势是能够平衡地区财力，通过财力适当向省财政集中，增强省级财政的调控能力，可以避免"市管县"财政体制出现的穷者愈穷、富者愈富的财力不平衡现状。而省财政集中的财力又通过财政转移支付的形式，将财力进行重新分配，实现区域财力的均衡，使统筹城乡经济社会发展有财力支撑，确保区域内基本公共服务均等化的实现。按照地方财政体制改革的要求，全国已推行省管县财政体制的省份，要进一步完善省管县财政体制，使省管县体制调节财力的优势得到充分发挥；没有推行或者没有全面推行省管县财政体制的省份，要提高认识，加快推行，以发挥省管县财政体制的优势，使区域范围内的统筹城乡经济社会发展能够有效推行。

第二，集中财力，重点向欠发达地区倾斜，使经济欠发达地区有能力推进统筹城乡经济社会发展。统筹城乡经济社会发展的重点和难点在经济欠发达地区，这些地区本身经济社会事业落后，发展民生事业的任务艰巨，而又苦于没有财力，无法完全依靠自身的努力解决，可谓"心有余而力不足"。而这些地区又往往集中在老少边穷地区，其经济社会事业发展对国家经济社会更具深远意义。这需要上级财政的支持，尤其是中央和省级财政的支持。国家应建立最基本的财力保障机制，对低于最低标准的经济欠发展地区，国家要采取重点扶持的政策，通过财政体制的安排，财政转移支付的政策运用，将财力重点向经济欠发达地区倾斜，使这些地区有能力统筹城乡经济社会发展，实现基本公共服务均等化。

第三，财力适当下沉，调动基层财政的积极性，发挥基层财政在统筹城乡经济社会发展中的作用。基层财政，主要是县、乡财政，直接和农村打交道，是统筹城乡经济社会发展的直接参与者和主要承担者，他们熟悉农村、了解农村，知道农村经济社会发展的需求。根据国家统筹城乡经济社会发展的总体目标和政策安排，国家的财力要适当向基层财政倾斜。一方面，国家应该将更多的财力留给基层，调动基层政府发展经济、培养财源的积极性；另一方面，国家要通过财政转移支付的形式，将更多的财力投向基层，使基层财政的职能和财力相匹配、相适应，增强基层财政提供公共服务的能力，满足城乡统筹发展需要。

第四，调动设区市的调控功能，发挥市财政在统筹城乡经济社会发展中的作用，把财政省管县和市管县的优势结合起来。推行省管县财政体制不能完全否定市管县财政的优势，市管县财政体制尤其有利于发展中心城市，必须把市管县财政体制的优势也要发挥出来。在一些经济比较发达地区，设区市的财力比较强，有能力也有意愿统筹区域和城乡经济社会事业发展，必须给予鼓励和支持，甚至给予一定的财力奖励，鼓励设区市将财力投向农村、投向落后地区，把设区市的积极性调动起来，把财政省管县和市管县的优势结合起来，财政上下齐心协力，共同推进区域均衡发展、城乡统筹发展。

创新是财政转移支付制度改革突破的关键

没有突破，就没有创新，创新是一个民族进步的灵魂。创新不仅仅体现在理论的创新，还包括制度的创新、体制的创新、方法的创新，甚至是思维方式的创新。改革开放以来，浙江财政秉承"实、稳、优"的财税核心理念，坚持"一要吃饭、二要建设、三要有所积累、四要增强宏观调控能力"的理财原则，不断完善省管县的财政体制，确保了区域经济社会的均衡发展，实现了基本公共服务均等化；在全省推行了以"收入一个笼子，预算一个盘子，支出一个口子"为主要内容的"三个子"公共预算改革和建立"三位一体"的财政运行机制，实现了公共预算编制、执行、监督的三分离；按照统筹城乡经济社会发展的要求，公共财政率先覆盖农村，为农村全面提供基本公共服务，实现了城乡"一体化"发展，等等。浙江公共财政的不断改革和创新，为全国公共财政改革和发展提供了实践经验，也确保了浙江财政"干在实处，走在前列"。

然而，规范财政转移支付制度一直是困惑浙江财政工作的难题。分税制改革以来，我国已经建立包括以一般转移支付制度和专项转移支付制度为主体的财政转移支付制度。一般转移支付不规定具体用途，由地方政府统筹安排，其特点是有利于均衡地区财力，推进基本公共服务均等化，而专项转移支付是上级政府为特定的政策目标而设立的资金，其特点是专款专用，有利于经济和社会事业发展。目前，随着公共财政职能的不断扩大，财政在经济社会发展中的职能作用不断得到发挥，专项性转移支付越来越多，相互之间缺乏统一的协调机制，且专项转移支付制度中的各类财政专项，不少是全国统一制定的，不是地方想改变就能改变的，想取消就能取消的。可以说，地方想突破难以找到突破口，想创新也难以找到方向，深化财政转移支付制度改革一直困扰着财政工作。

如何寻找财政转移支付制度改革的突破口，科学把握一般转移支付与专项转移支付的结构，扬长避短，避免专项转移支付制度存在的某些弊端，浙江财政一直在思考和探索。从2010年开始，浙江省财政率先在行政政法系统试点，推行专项性一般转移支付制度改革。具体做法是，按因素和权重将专项资金进行"切块"分配，按一般性转移支付性质下到地方财政和部门。

经过几年的实践，由于专项性一般转移支付制度结合了一般转移支付制度和专项转移支付制度的优点，财政工作中一些悬而未决的问题得到了解决。一是避免了财政资金分配上的"跑部钱进"。财政专项多而又分散，财政部门想整合难度又大，实行专项性一般转移支付制度，上级财政年初就可以把财政专项资金的额度下达给地方财政和政府部门，地方政府和政府部门对每年的财政专项事先有数，就不必担心财政专项问题，可以把工作的重点用在选好项目和管理好资金、提高资金绩效上，上下级财政及财政与政府部门之间的关系也理顺了。二是提高财政预算的执行率。由于我国预算编制和预算实际执行的脱节，年终"突击花钱"是财政预算执行的通病，也是社会舆论的焦点。实行专项性一般转移支付制度后，地方政府和政府部门对专项资金事先有数，上级财政部门可以根据预算执行进度，事先把资金拨付给地方财政和政府部门，财政预算执行进度慢又过于集中在年底的问题就迎刃而解。三是整合了财政专项资金。专项性一般转移支付制度必须对财政专项进行整合，这种整合的结果是变小钱为大钱，变分散的钱为集中的钱，有利于避免国家每出台一项政策就增加一项专项性转移支付，造成转移支付的混乱和不规范，且部分专项转移支付项目设置交叉重复、分配使用缺乏事权依据、资金投向较为分散，很多专项拨款需要地方政府提供配套资金，这就给原本困难的地区带来了更大压力。四是提高了财政资金的使用效益。管理好政府的财政资金是财政部门的基本职能，但财政部门也不是万能的，有些领域和项目财政也会有所不及，有所不知，必须调动政府部门的积极性，变一家理财为大家理财。实行专项性一般转移支付制度的改革，使得地方政府和政府部门由被动理财变为主动理财，主人翁地位得到充分体现，有利于调动地方政府和政府部门当家理财的积极性，从而进一步提高财政资金的使用效益。这样，专项性一般转移支付制度的作用得到了发挥，解决了财政转移支付制度中长期存在而又没有得到很好解决的问题。

在总结经验并不断完善的基础上，浙江财政不断扩大财政专项性一般转移支付的范围，预期通过几年的努力，在全省全面推行专项性一般转移支付制度改革，实现财政转移支付制度的创新，使财政转移支付制度逐步规范。这项改革对浙江财政的意义是不言而喻的，其示范作用对全国财政转移支付制度的改革和完善也是不言而喻的。

美国宇航员阿姆斯特朗曾经说过，月球一小步，人类一大步。财政专项性一般转移支付制度改革与财政一般转移支付和财政专项转移支付相比，虽然仅仅是思路的转变和方式的转变，但体现了浙江财政与时俱进的精神，体现了浙江财政不断改革和创新的思维，体现了浙江财政理财的智慧，而这种思维和智慧正是财政改革、发展不断深化、完善的动力和源泉。

建立生态环保财力转移支付制度
利在当代　功在千秋

　　人类生活在地球上，地球是我们共同的家园，蓝天、白云、青山、绿水是人类对美好家园的向往、对美好家园的追求，但由于过度的开发和人为的破坏，水土流失、土地沙化、大气污染等现象严重影响了人类的生存，生态问题日益引起国际组织和各国政府的重视。

　　生态和发展是既对立又统一的。发展经济如果不注重环境保护，就会造成对资源的掠夺和对环境的破坏，不少发达国家都有这方面的教训。保护生态，就不允许发展有污染或污染处理不达标的项目，对引进投资和发展项目就要控制，要有选择地投资，这对经济发展是有影响的。但是生态和发展又是统一的。生态和发展是可以相互转化的，生态好了，生态环境是稀缺资源，对外来资本和资金有吸引力，有利于引进投资和项目，同时，也有利于发展生态经济，推进经济做大做强，两者又是统一的。

　　在经济发展的过程中，面对生态和发展的矛盾，如何处理好生态和发展的关系，避免重蹈发达国家走过的"先污染，后治理"的老路，实现既有青山绿水，又要金山银山，建立生态环保财力转移支付制度是很好的选择。即由政府出钱，给生态保护好、为生态保护和生态治理作出贡献地区以财力补助。

　　作为全国最早开始建立生态环保财力转移支付制度的浙江省，早在 2006 年就出台了"钱塘江源头地区生态环境保护省级财政专项补助暂行办法"，对钱塘江源头的 10 个县市推行生态补偿改革的试点。在试点取得成效的基础上，2008 年设计了省级以上生态公益林面积、大中型水库面积、主要流域水环境质量、大气环境质量等指标，全面实施省对主要水系源头所在市、县（市）的生态环保财力转移支付，覆盖范围从钱塘江源头的 10 个县市扩大到全省八大水系源头的 45 个市县。2011 年又将生态环保财力补偿转移支付制度覆盖到全省所有的市县。

"栽了梧桐树，引来金凤凰"。在短短的几年时间里，浙江省生态环保财力转移支付制度就实现了从试点到全覆盖。从浙江省的实践看，生态环保财力转移支付制度把经济发展和生态保护有机地结合起来，把生态保护等同于经济发展，不让生态保护工作做得好的市县吃亏，使生态保护同样能得实惠，这种制度设计、机制建立效果是明显的，加快了地方经济发展方式的转变，确保了环境的保护。生态环保财力转移支付制度使地方政府深深体会到，生态保护也是发展，把生态保护作为自觉的行动，地方政府不再盲目追求单一 GDP 的发展指标，而把着力点更多地放在绿色 GDP 上，做好生态的文章，大力发展生态农业、生态工业、生态服务业，对引进的投资和项目，严格环保审查；加快了环境的治理，对城乡污染物集中处理，对一些有污染的企业，坚决实行关停并转。同时，加快了人口的城镇化，推进了生态环境的修复。

人是财富的创造者，也是环境的破坏者，而人口的集中，尤其是农村人口城镇化有利于环境的保护。地方政府把政府引导和群众自愿相结合，加快了一些深山、高山地区和生态恶劣地区人口的迁移，通过"下山脱贫"等途径向城镇集中，从而使山区的生态自然得到修复。生态环保财力转移支付制度建立以后，各市县都将生态保护列入考核指标，生态保护得到了加强，各种因环境问题引起的生态恶性事件明显下降，真正实现了"青山绿水"也是"金山银山"的目标，推进了生态文明建设。

生态是稀缺资源，一旦破坏了，难以在短时间内恢复，有些甚至是难以恢复的。财政生态补偿机制，把生态保护和经济发展结合起来，这是一项得民心顺民意的民生工程，不仅是当代人受益，利在当代，而且是功德无量，功在千秋。

生态环保财力转移支付制度充分体现了政府践行科学发展观的精神。科学发展观是全面的、可持续的发展，这种发展不仅体现在经济上，而且体现在政治上、社会上、文化上，更体现在生态上。一旦某方面的发展受到影响，如果不加以制止，发展的平衡性就受到影响，可持续性难以实现。生态是人类生存的家园，如果不加以保护，后果是不堪设想的。当年，发达国家为了追求经济的发展，忽视了生态的发展，造成了资源的浪费和生态的破坏，政府治理的代价是昂贵的，发达国家的教训是深刻的。后发国家的发展不能重蹈发达国家的老路，必须树立科学的发展理念，建立科学的发展机制。生态财力转移支付制度的建立，用财政的手段调节发展的方式，把发展建立在科学合理的发展轨道上，体现了经济发展和生态保护的有机结合，是践行科学发展观的充分体现。

生态环保财力转移支付制度充分体现了政府以人为本的执政理念。发展不是为发展而发展，改革也不是为改革而改革，发展和改革的目的是为了满足人民群众的生活需要，真正实现"权为民所用，情为民所系，利为民所谋"。生存是人类的第一需要，没有生存无所谓发展，如果发展是以牺牲环境为代价，导致人类难以生存，自己破坏自己生存的环境，这种发展不仅无益，反而有害处，这种发展不如不发展。生态保护是市场资源配置过程中属于市场失灵的领域，如果任其发展，必然导致环境的破坏，必须加强政府的调控。建立生态环保财力转移支付制度，通过政府的宏观调控，把"市场无形的手"和政府"有形的手"结合起来，弥补了市场缺陷，是政府有为的责任体现，也是政府调控职能强化的体现，真正体现了政府以人为本的执政理念。

生态环保财力转移支付制度充分体现了公共财政的本质要求。公共财政的基本特征是为社会提供公共产品，满足社会公共需要。而教育卫生、社会保障、环境保护是基本的民生，是公共财政的主要作用点和落脚点。在社会主义初级阶段，人口多、底子薄、地方发展不平衡的基本国情决定了公共财政作用的范围、作用的领域是非常广泛的，而政府的财力毕竟是有限的，随着财政职能的扩大，财政收支之间的矛盾更加突出，这要求政府的理财应该而且必须做到"有所为，有所不为"，否则，财政难以为继。政府集中一定的财力，用于生态保护、生态治理，给一些为经济发展作出牺牲的地区，尤其是生态源头地区一定的财力补偿，使这些地区也能够享受经济发展的成果，用于改善民生，这充分体现了公共财政的要求，体现了为民理财的本质属性。

总之，生态保护利在当代、功在秋千。浙江的经验表明，建立生态环保财力转移支付制度，从制度上规范地方政府的发展行为，把经济发展和生态保护结合起来，有利于转变经济发展方式，推进生态文明建设。各级政府财政应该而且必须建立生态环保财力转移支付制度，集中一定的资金用于生态保护，把生态保护纳入法制化的轨道，以实现科学发展、可持续发展。

财政政策求实效

　　假如有一个支点，就能够撬动整个地球。而财政政策正是这个支点，有了财政政策的支点，财政资金就能发挥"四两拨千斤"的功能，引导民间资金、引导社会力量投身于经济社会事业发展。经济社会事业发展千头万绪，都需要财政政策功能的发挥，而财政政策发挥的余地是有限的，财政不能全身投入或全面进入，财政必须学会"弹钢琴"，重点是起导向作用，发挥政策功能，抓重点，抓国民经济和社会发展的薄弱环节，做到有所为、有所不为。

　　财政政策是有形的，财政政策也是无形的，有了财政政策的支持，经济社会统筹发展、城乡一体化发展、区域均衡发展、基本公共服务均等化并不遥远。

农村义务教育免费是起点而非终点

　　教育是家庭的未来、国家的希望，我国历来就有尊师重教的优良传统，政府一直把发展教育作为国民经济和社会发展的重中之重，投入大量的财力发展教育事业，社会各界也积极支持和重视教育发展。我国的教育取得了举世瞩目的成绩，基本普及了九年制义务教育，消灭了文盲和半文盲，国民的文化素质有了显著提高。尤其是农村教育发展变化更为明显，农村税费改革以来，我国公共财政加快了向农村覆盖，公共财政从城市财政变成了城乡财政，政府财政加大了对农村教育的投入，把农村教育纳入国民教育系列中，并实行了免费教育，使农村学生真正享受了义务教育。但是，免费教育并没有解决农村教育的主要问题，农村教育落后的局面依然没有解决，表现在不少农村的学生不愿意在农村学校读书，一些农民总抱着"再穷不能穷孩子，再苦不能苦孩子"的理念，总想不能让孩子输在"起跑线"上。不管家里有没有条件，总是想方设法把孩子送到城区学校读书，导致了不少地区刚刚发展起来的农村教育，马上面临生源流失、教育设施浪费的窘境。每年的高考也反映了农村教育落后的面貌。据有关重点高等院校的调查，在北大、清华等重点高校，2000 年至今，考上北大的农村子弟只占一成左右，清华大学农村生源占总人数的比例只有17%。在地方的全国重点高校情况也不乐观，农村孩子比例在浙江大学大概也仅占三成左右。由于农村教育水平低，农村学生难以考上重点大学，其结果是"农村孩子进不了重点大学，找不到好工作，不愿意读书"，在一些农村以致出现新的"读书无用论"。

形成目前农村教育的现状，原因是多方面的，主要原因是由于我国城乡"二元"的经济结构，使我国的教育资源配置极其不合理，优质的教育资源主要集中在城市，导致农村教育落后。这种局面任其发展，对农村经济社会发展是十分不利的。一方面，不利于减轻农民负担。有些农村家庭的学生想要转入城市的学校读书，需要交一大笔"择校费"。"读书难，读好书更难"，读书成了农民沉重的家庭负担，不少农村家庭难以承受。另一方面，不利于农村孩子健康成长。对农村孩子来说，从小离开父母，寄宿在学校或亲戚家里，不仅带来了亲情问题，缺少父母的关心、家庭的温暖，对孩子的成长不利；而且带来了社会安全问题，毕竟孩子小，需要家长的监护，完全靠学校或亲戚来监护往往会力不从心。同时，也不利于城乡"二元"经济结构的改变，发展教育是提高民族素质，增强国家竞争力的需要，发展教育、培养人才也是改变家庭面貌的有效途径，尤其是农村地区，这种愿望更为迫切，有时候，一个人才的培养就能改变一个家庭的面貌，培养一个人就能帮助一个家庭脱贫。而教育的不公平，使农村的学生接受不了良好的教育，在高考的竞争中就会处于弱势，难以进入理想的学校，这样农村的孩子就难以融入城市，难以获得好的工作岗位，城乡的"二元"结构就难以改变。

农村教育关系到农村未来的可持续发展，关系到城乡一体化发展的进程。农村义务教育"免费"虽然解决了农村学生的有能力读书问题，但是没有解决农村学生读好书问题。农村教育的关键是农村教育质量的提升，让农村学生能够和城市学生一样享受优质的教育资源，实现城乡教育均衡发展。农村义务教育"免费"是义务教育政府公共职能的回归，是农村教育的起点而非农村教育的终点，未来农村教育的任务依然艰巨，公共财政的责任"任重而道远"。

首先，要增加农村教育的投入，为城乡教育均衡发展奠定基础。发展教育，需要投入，尤其是发展农村教育，推进城乡教育均衡发展更离不开投入，这是城乡教育均衡发展的基础，我国的教育法也专门作了规定，要求地方政府财政的教育支出增长必须高于财政的一般预算支出增长，以确保教育基础地位的实现。应该说，农村税费改革以后，尤其是"十六大"以来，按照统筹城乡经济社会发展的要求，我国已把农村教育纳入国民教育系列，实现了义务教育阶段的免费教育，也明确了县级政府是农村基础教育经费的保障主体，各级政府加大了对农村教育的投入，在不少地方学校已成为最好的建筑，但和城市相比差距仍然十分明显，不少农村学校没有运动场所、没有图书室、没有语音教育、没有开设美术、音乐甚至英语课等，农村学校的投资还有很多缺口，离农村学校发展的要求还有很大的差距。各地要按照统筹城乡经济社会发展的要求，在统筹规划、合理布局的前提下，继续加大对农村教育的投资，完善农村学校的教学功能，优化农村的教育资源配置，逐步使农村学校和城市学校拥有相同的教学条件，为城乡教育均衡发展奠定基础。

其次，要增加农村教师的待遇，使农村教师安心工作，为城乡教育均衡发展创造条件。教育资源配置不合理，核心是教师资源配置不合理，优秀的教师主要集中在城市，集中在好的学校，以致形成了马太效应，好的学校越来越好，差的学校越来越差。形成这种教师结构布局，原因是多方面的，客观上是城乡差距，而主要原因还是城乡教师待遇差距的制度造成的，农村教师的待遇低，不少老师不安心或不愿意在农村教学。城乡教育均衡发展的关键是教师问题，各地应改变教师的管理方式，不应再区分城区教师和农村教师，变身份管理为岗位管理，统一教师的待遇，解除教师的后顾之忧，确保教师能够安心农村教育工作。同时，对农村教师待遇低、城乡教师收入差距大的历史遗留问题，各地方政府应借助当前推行的教师绩效工资改革的机会，按照城乡统一的原则，以不低于公务员收入的标准，提高农村教师的工资水平，解决农村教师的待遇问题，为城乡教育均衡发展提供保障。

最后，要有好的机制引导农村教育发展，变城乡教师单向流动为双向流动。城乡教育资源配置不合理是客观事实，是长期以来教育资源从农村向城市单向流动造成的，一些在农村从事教育的老师，一旦工作了一定年限或取得一定的成绩，总是想方设法往城区的学校调动，以致农村学校留不住好的老师。要改变教育工作中面临的难题，手段也无非是改变农村教师的单向流动为双向流动，让优质的教育资源也能留在农村，提高农村教育质量，使农村学生在家门口也能享受优质的教育资源。这需要建立一种机制，这种机制不一定能够复制，各地可以结合实际进行探索，实现教师的双向流动。对一些教育布局分布比较分散的山区，可以实行"名校联合"的模式，即城市名校和农村学校"人、财、物"统一，资源共享，教学管理同步，把城市学校的优质教育资源覆盖到农村，使更多的农村学校能够享受优质的教育资源；或者实行"教育集团化"的模式，让城区名校兼并更多的农村学校，以带动农村学校的发展；对一些平原地区，甚至可以取消农村学校，扩大城区学校的规模，把所有的适龄学生集中到城区学校上学。当然，各地也可以制定一些政策，把老师的职称评定和农村教学经历挂钩，规定教师必须有农村教学经历才能评定职称，新参加工作的教师必须先到农村学校工作，等等，以吸引优质的教育资源流入到农村学校，实现城乡教育的均衡发展。

缓解大学生就业难的财政作为

  "十年树木，百年树人"。人才是经济社会发展的基础，是国家富强的支撑，是国家综合竞争力的保障，也是实现中华民族伟大复兴"中国梦"的重要条件。而人才靠教育、靠培养。我国自 1977 年恢复高考制度以来，高校成为培养人才的摇篮，而高考成了莘莘学子"十年寒窗"的检验，成了能否接受高等教育的门槛。高等院校毕业的大学生成为稀缺资源，一直处于"卖方市场"，深受社会欢迎，是政府机关、企事业单位争夺的"宠儿"，就业的渠道多，挑选的余地大，大有"皇帝的女儿不愁嫁"的优势。然而，好景不长，随着我国高等教育的发展，尤其是 1999 年以后高校的大力扩招，高等教育从精英教育转为素质教育，加上大量的海外留学生的回归，我国每年大学毕业生从最初的几万发展到目前的六七百万之多，大学生的就业问题日益凸显。大学生就业不仅是现实问题，更是严峻的社会问题，不少大学生就业难，给政府、给社会、给家庭带来了很大的压力。

  仅仅十几年的时间，大学生就从"卖方市场"转为"买方市场"。大学生就业形势的变化，从表现上看，大学生多了，超过了社会的需要。而实际上，我国的大学生在人口中占的比例还很低，还不到 10%，与发达国家相比还存在很大的差距，人口素质与经济发展水平远远不相适应，大量的中小企业、基层单位大学生少，很难招到合适的人才。

  大学生就业难，大量的人才浪费，不仅是家庭的损失，也是社会的损失，更是国家的损失。因为培养一个大学生，国家要花费大量的财力、人力、物力投资，国家财政每年不断增长的教育支出，大量是用于高等教育的，为推动高等教育的发展，国家财政可以说是竭尽所能。国家培养人才是为了回报社会，为社会创造财富，把可能的人力资源转化为现实的人力资源，否则就存在人才的浪费。国家要像重视高等教育一样重视大学生就业，积极发挥财政的职能作用，为大学生就业创造条件，有效缓解大学生就业难的问题。

第一，要鼓励校企合作，提高大学生的就业率。就业是民生之本，大学生就业同样如此，而企业是大学生就业的主渠道。大学生就业难的主要原因是信息不对称，以及大学培养的学生和市场不相适应，存在供需脱节，破解大学生就业难关键是要加强校企之间的沟通，避免信息不对称。一方面，学校要适应市场需要，增加市场需要的专业设计和招生规模，对一些市场需求萎缩，社会需要量少的专业要适当归并，使高校培养的学生适应市场需要；另一方面，企业要加强和高校的联系，加强校企合作，积极开展委托式培养或订单式培养，使高校的专业设置和企业的需求相一致，能直接为企业所用。而财政的职能是要积极推进校企合作，对校企合作密切、培养的大学生就业率高的高校，适当增加财政的经费补助，从而发挥财政资金的经济杠杆作用，自动调节就业。

第二，要支持新型城镇化建设，引导大学生到基层就业。在大学生毕业后的就业选择上，大部分大学生想留在大城市工作，首选北（北京）、上（上海）、广（广州）、深（深圳）等一线城市，很少主动要求到农村、到基层工作的。这一方面说明大学生就业面的狭窄，随大流的情况严重，另一方面也说明城乡差距的客观存在，影响了大学生的就业选择。其实，小城镇有小城镇的优势，小城镇没有大城市"交通挤、房价高"的问题，生活方便，物价低廉，竞争也不激烈，大学生的机会多。这除了要改变大学生的就业观念外，对政府来说更重要的是要加快城镇化建设。政府财政应加大对城镇尤其是小城镇基础设施的投资，改善小城镇的教育、医疗、文化发展水平，提高小城镇公共服务能力，以改变小城镇的生活条件，吸引更多的大学生到小城镇工作。

第三，要扶持中小企业做大做强，吸引大学生到民营企业就业。民营企业是我国经济的主体，是财政收入的重要来源，也是我国现在乃至未来大学生就业的方向，但民营企业对大学生的吸引力远远不如国家机关、事业单位和国有垄断企业，这与民营企业的发展规模和市场竞争力密切相关。目前我国的民营企业以中小企业为主，家族企业色彩浓厚，不少企业规模小、竞争能力不强，产业低端、缺乏稳定性，抗风险能力弱，自然对大学生缺乏吸引力，这也导致我国大量的民营企业缺乏人才，很多企业想引进人才又难以引进。相反，一些做大做强的民营企业，机制灵活，自主权大，条条框框的限制少，对大学生还是很有吸引力的。如何解决民营企业引进人才难和大学生就业难的"两难"问题，从根本上还是要加快民营企业的发展，促进民营企业做大做强。国家财政政策要积极引导民营企业转型升级，政策重点要转向支持产品科技含量高、创新能力强、市场竞争能力强的民营企业发展，以鼓励民营企业做大做强，吸引更多的大学生就业。

第四，要参与建立政府性创业引导基金，推动大学生自主创业。大学生作为"特殊群体"，朝气蓬勃，掌握先进的技术，又有开拓精神和冒险精神，是社会创业创新的重要力量。但创业创新是有风险的，难以从市场获得资金支持，大学生创业创新最缺乏的是资金和创业平台，财政要参与建立政府性创业引导基金，根据大学生创业创新的需求，为大学生创业创新需要的办公场所、机器设备购置等提供一定的资金支持；也可以建立"科技孵化器"、"科技创新中心"等创业创新平台，为大学生的创业创新提供平台，鼓励更多的大学生走上自主创新的道路，实现自谋职业，并带动更多的大学生就业。

第五，要制定国家补助性政策，鼓励大学生到"老少边穷"地区就业。由于地理、自然、历史的原因，我国区域经济发展不平衡，不少"老少边穷"地区经济落后，人才缺乏，而人才的缺乏又影响了"老少边穷"地区的发展。尽管国家积极鼓励大学生到"老少边穷"地区工作，"老少边穷"地区也创造条件积极吸引大学生去工作，但和"老少边穷"地区对人才的需求相比还存在不小的差距。"老少边穷"地区是个很大的舞台，既能锻炼人，又能出成绩，且扶持"老少边穷"地区的发展也是国家发展战略的需要。国家财政要制定相应的政策，对主动到"老少边穷"地区工作的大学生给予一定的安置费，工资由中央财政给予保障，工作到一定年限允许优先回到内地安排工作，等等。鼓励大学生到"老少边穷"地区工作。这既能缓解"老少边穷"地区经济社会发展的人才需要，又能解决大学生的就业问题。

财政支农要以现代农业为重点

粮食是人类社会生存和发展的基础。早在春秋战国时期，管仲就提出"仓廪实而知礼节，衣食足而知荣辱"的政策主张，把粮食提到关系国计民生的高度。管仲的主张被齐桓公采纳，为齐国的强盛奠定了基础，成就了齐桓公的春秋霸主地位。民间也有"手里有粮，心中不慌"的俗语。社会学家马斯洛提出了"生理上的需求，安全上的需求，情感和归属的需求，尊重的需求，自我实现的需求"的需求层次理论，生理上的需求是人类的第一需求。而解决人类的生理需要，就必须大力发展农业，生产粮食。

农业是国民经济的基础，一方面，农业不仅为工业提供大量的原料，创造大量的物质财富，另一方面，农业也是社会稳定的物质基础，直接或间接地为国家提供财政收入来源。我国政府历来重视粮食生产，重视农业的基础地位，1982～1986年，国家连续5年发布以农业、农村和农民"三农"问题为主题的中央一号文件。2004～2012年又连续9年发布以"三农"为主题的中央一号文件，强调了"三农"问题在社会主义现代化时期"重中之重"的地位。在中央和各级地方政府的重视下，我国的农业也取得了举世瞩目的成绩，解决了13亿人口的吃饭问题，创造了人类发展的奇迹，但是，我们也要清醒地看到，我国的农业还是相当脆弱的：农业效率不高；基础地位不稳固；靠天吃饭问题还没有解决；增产不增收问题仍然存在，生产和市场脱节问题还依然突出，等等。

要解决我国农业发展中面临的各种问题，保持农业的长期稳定发展，为国民经济的持续健康发展奠定基础，单靠传统农业的精耕细作的劳作方式，靠大量的农村劳动力投入，已不可能，也不现实。我国城市化的推进，为农村劳动力打开了就业之门，大量的农村劳动力已转向非农产业，农业也不再是农民的主要收入来源。在这种情况下，解决我国的农业问题，解决农民增收问题，必须走现代农业之路。

现代农业是和现代化大生产相适应的高效农业。一方面，现代农业必须是科技含量高的农业，必须重视农业品种的改良和良种的培育，以提高粮食产量和满足市场需要，实现农业增产增效；另一方面，现代农业必须是规模经济，必须重视现代化的生产方式，提高农业的机械化水平，以实现农业的生产规模。农业的发展离不开财政的支持，支持农业发展是公共财政的重要方面。同样，现代农业也离不开财政的支持。现代农业为政府财政的支农指明了方向，财政支农必须按现代农业的要求找准着力点，加大扶持力度。

首先，要增加对现代农业的投入。农业的发展离不开财政的支持，现代农业亦然，尤其是农业科技投入，投资的规模大、周期长、风险高，一般企业和个人不愿投资和无力投资，而农业科技又是现代农业发展不可或缺的组成部分。没有农业科技进步，要提高农业产出水平和经济效益难以实现，现代农业亦无从谈起。因此，各级财政要增加对现代农业的投入，为现代农业发展提供坚强的后盾。

其次，要明确投资现代农业的方向和重点。现代农业涉及农业生产的方方面面，从良种的培育，到农业生产，再到农产品的销售等，可谓千头万绪，财政扶持不能面面俱到，必须对现有的财政支农资金进行整合，明确财政扶持的重点和方向。一是要把良种培育作为扶持的重点。种子直接关系到农业的产量，要提高农业的亩产量，在一定的土地上生产出更多的农产品，产生更大的效益，必须不断改良品种，种子工程是现代农业成功与否的关键，也应是财政扶持的重点。二是要把规范经营作为扶持的方向。现代农业不是小农经济，必须要有一定的规模，才能产生规模效益。财政扶持不能"天女散花"，搞平均主义，应重点扶持农业大户和农业龙头企业，抓住农业生产的大头。三是要引导现代化的农业生产方式。传统的精耕细作不是现代农业的方向，现代农业应该是现代化的农业，农业的机械化水平高。对现代化的农业生产方式财政要给予相应的扶持和引导，以提高农业机械化水平，提高农业生产效率。

第三，要灵活运用财政的扶持方式。财政扶持现代农业发展的方式多种多样，既有财政直接投入，也有财政补助，还有财政贴息等，财政应灵活掌握，发挥财政政策的杠杆作用。对良种的推广，可以给农业生产主体和农户一定的财政资金补助，以加快良种的推广，从而提高农业生产的亩产量和产出水平；对购买现代化的农业机械以提高农业生产效率的农业生产主体和农户，或购买农机的银行贷款可给予财政贴息，以加快农业现代化的推广；对规模经营的农业生产主体和种粮大户，可按农业生产的面积补助，面积越多补助越多，以提高农业的规模经营，适应现代农业发展需要；对提高农业产业化水平的农业合作组织，财政也可以给予一定的投资，以拉长农业的产业链，确保农业增产又增效。

最后，要引导民间资本投资现代农业。现代农业作为产业，是市场行为，虽然有一定的风险，但更多的是效益，有些甚至效益不错，对社会资本有一定的吸引力。财政要发挥"工业反哺农业"的引导带头作用，引导工业资本和社会资金投资现代农业。对投资现代农业的工业资本和民间资金给予一定的政策扶持，这一方面有利于现代农业的发展，提高农业的市场化水平和农业的生产效益，另一方面，也可以为国家创造一定的财政收入来源，巩固财政的经济基础。

培育新型农业经营主体财政要积极而有为

"民以食为天"。农业是国民经济的基础，是社会稳定的有力保障，我国政府历来重视农业的发展，积极发挥财政职能作用，加大对农业的投入，为我国农业的发展尤其粮食生产实现"九连增"创造了条件，提供了必要的保障。但是，还应该清醒地看到，我国农业的基础地位仍然不稳固，农业的发展仍然相当脆弱，尤其是随着城市化的推进，大量的农村劳动力进城务工，转移到非农产业，从事农村生产的大量是留守老人和妇女，文化程度低，生产效率低下。农业经营主体的素质和现代农业发展的要求矛盾越来越突出，农户分散的家庭经营和农业规模化的现代经营的矛盾也越来越突出，这也是农业"增产难增效"、农民"增产难增收"问题难以解决的一个重要因素。

"基础不牢，地动山摇"。要巩固农业的基础地位，农业经营主体很关键，培育好新型农业经营主体显得尤为迫切。党的十八大提出，要"坚持和完善农村基本经营制度，依法维护农民土地承包经营权、宅基地使用权、集体收益分配权，壮大集体经济实力，发展农民专业合作和股份合作，培育新型经营主体，发展多种形式规模经营，构建集约化、专业化、组织化、社会化相结合的新型农业经营体系。"2013年中央一号文件明确提出，"农业生产经营组织创新是推进现代农业建设的核心和基础。要尊重和保障农户生产经营的主体地位，培育和壮大新型农业生产经营组织，充分激发农村生产要素潜能"。把新型农业经营主体的培育提高到国家战略高度来认识，这充分体现了国家对农业和农业经营主体的重视。

新型农业经营主体的培育直接关系到农业基础地位的巩固和现代农业的发展。作为支撑农业发展重要保障的政府财政，要充分发挥财政的职能作用，加大对农业的投入，积极调整财政支农方式，优化资金结构，积极主动参与新型农业经营主体的培养，为现代农业的发展创造条件。

第一，要鼓励农村土地有序流转，加快农业经营主体的培育。新型农业经营主体的基本特征是农业生产的规模化、集约化、现代化，一家一户的分散经营难以实现农业的规模化，不利于农业经营主体的培养。而农村土地经营承包责任制又是我国的基本经济制度，如何缓解土地承包制和农业规模化的矛盾，地方政府要在维护土地承包制基本制度长期不变的前提下，适应城市化和人口流动的发展需要，鼓励农村土地使用权市场化流动，向专业大户、家庭农场、农民合作社集中。对农村的土地使用权流动，财政要给予必要的补助，以鼓励农村土地有序流动，实现规模经营，为新型农业经营主体的培育和壮大创造条件。

第二，要加强对农业经营主体的培训，提高农业经营主体的素质。要实现农业现代化，提高土地规范经营水平，农业经营主体的素质是基础。一方面要壮大农业经营主体的队伍。仅仅依靠老人、妇女从事农业生产，实行一家一户的小农经营，发展现代农业、实现农业现代化就无从谈起。现代农业的经营主体必须懂科技、会管理，实行专业化生产和规模经营。政府要鼓励中高等学校毕业生、退役军人、返乡农民工务农创业，提高农业经营主体的素质，财政给予必要的补助，以壮大农业经营主体；另一方面，要加强对农业经营主体的培训。农业经营主体的素质，直接关系到其劳动技能和经营水平，而这种能力的提升除了在实践中提高外，更需要通过学习培训来提高。各地要充分利用农村现有的各种培训资源，加强对专业大户、家庭农场经营者的培训，财政要积极筹集资金，给予相应的培训经费，以提高农业经营主体的生产经营水平和劳动技能。

第三，要加快农业产业化经营，发展多种形式的农业经营主体。农业生产经营的特点是生产的周期长，我国一家一户分散经营的农业容易产生农业生产和市场的脱节，生产"一哄而上"，农业生产风险大。而农业产业化经营是连接农业生产和市场供应的有效途径，是规避农业生产经营风险，提高农业经济效益的必由之路。要积极鼓励农民兴办专业合作和股份合作等多元化、多类型合作社；要加快建立"公司＋基地＋农户"、"公司＋基地＋合作社＋农户"等各种类型的农业产业化经营形式，为农户、农业和市场搭建桥梁，各类农村合作组织和农业产业化经营形式应作为财政支农的重要方向，给予相应的财政投入和必要的税收优惠，以推进农业产业化的发展，提高我国农业市场化水平，增强我国农业抗风险的能力。

第四，要增加对农业科技的投入，提高农业经营主体的效益。在传统农业向现代农业转轨的过程中，解决农业发展的根本问题还是要依靠科技的发展，以及科技在农业发展中的推广和应用。由于农业科技投入的投资多、周期长、回报低，投资的风险大，市场主体一般不愿意投资或无力投资，需要政府公共财政的支持。财政要整合支农资金，适当集中资金，增加农业科技的投入，重点投资农业良种的培育、农机的改良和推广利用，提高农业的生产效率和产出水平，使农业经营主体投资农业有利可图，提高农业经营主体的经济效益，实现"农业增效、农民增收"，以吸引更多的农业经营主体投资农业。

为古村落保护提供财力支撑

随着我国经济的发展，大量的农村剩余劳动力从农业中分离出来，大量的农村人口从农村转入城市。人口的城市化，推动了城市工业化和现代化。同时，按照统筹城乡经济社会发展的要求，国家又通过"工业反哺农业、城市支持农村"的发展方式，促进了城乡一体化发展，但是，人口的城市化也使得一些农村慢慢走向衰落，尤其是一些偏僻的农村、偏远的农村和山区农村，这样，在城市化的过程中如何保护古村落显得尤为迫切。

我国作为世界文明古国，在漫长的发展过程中，创造了辉煌的中华文明，这种文明主要体现在经济、文化、教育、科技等方方面面，而古村落就是中华文明的重要载体，中华悠久历史的重要体现。自古以来，我国就有衣锦还乡、光宗耀祖、落叶归根、告老还乡等方面的文化传统，逐步形成了各具特色的古村落，如北方的深宅大院、南方的徽派建筑等。但这些古村落的建筑以木质建筑为主，保存难度大，以致有些古村落因战争、自然灾害等原因灰飞烟灭了，有些虽然保留下来但不少建筑已破烂不堪。如今，在城市化的进程中，由于文物保护意识的淡薄，不少古村落没落了，不少古宅"人去楼空"，损毁严重，不及时保护已岌岌可危。

古村落是文明的历史见证，是一种稀缺资源，保护古村落有利于文物的保护。我国散落各地的古村落，大多是明清时期的，有上百年的历史，短的也是民国时期的，保留了不同时代的建筑风格，是研究我国古建筑的博物馆。有的古村落按"八卦"的式样设计，排水、通风、防灾等设计缜密；有的古村落保留了"青砖、白墙、黛瓦"的徽派建筑风格；有的古村落民居保存的石雕、砖雕、木雕等工艺精湛，有的豪华、有的古朴，等等，有很高的历史价值和文化价值，保护古村落等于保护了文物。另一方面；保护古村落有利于文化的传承。古村落历史悠久，村容村貌和民宅格局反映了不同时代的文化特征，是我国文化发展的重要组成部分，也是传统文化教育和传承的重要基地。如有的古民居房前屋后种的桂花和石榴，体现了主人希望"早生贵子"和"多子多福"的文化寓意；有的古民居屋内的雕刻，有"蝙蝠"、有"喜鹊"、有"寿桃"、有"松柏"等方面的图案，表现了主人希望子孙后代平安幸福、健康长寿的良好祝愿，等等，这些既有孝的文化，也有义的文化，还有忠的文化，在现代社会很难看到。这种珍贵的实物例证，有利于后人对传统文化的了解。

而所有这些，既包含文物的保护，又兼有文化的传承，具有公共产品的性质，和公共财政有着天然的联系。随着公共财政向农村覆盖，保护古村落包括村庄的整治、古民居的维护等成为新农村建设的组成部分，也是利国利民的民生工程，需要资金的投入，离不开政府财力的支持。公共财政要积极筹集资金，为古村落保护提供财力支持。但是，保护古村落涉及面广，财政既不能包办，也不可能包办，财政只能"有所为，有所不为"，抓住古村落保护的薄弱环节和重点环节，有选择地投资，发挥财政资金"四两拨千斤"的作用。

第一，增加对古村落基础设施的投资，改善古村落的发展环境。随着公共财政向农村延伸，要将由农民负担的道路交通、水利电力、邮政通讯等纳入公共财政的范畴，加大对古村落基础设施的投入，改善古村落的发展环境，加快与外界尤其是城市的联系，提高古村落的知名度。同时，按照新农村建设和美丽乡村建设的要求，把"路面硬化、水体净化、卫生洁化、道路绿化、路灯亮化、村庄美好"等作为古村落保护的目标要求，采取政府财政投资和村民投劳投工相结合，优先启动垃圾集中处理、农村清洁饮用水工程等一批新农村建设项目，加快古村落的村庄整治，改善古村落的生活环境，焕发古村落的生机。

第二，加强对古村落文化设施的维护，保护古村落的特色。古村落之所以成为古村落，就在于古村落保留了一批稀缺的人文资源。在新农村和美丽乡村建设过程中，对古村落的建设要因地制宜、区别对待，必须保留古村落的特色，维护好古村落的文化资源，否则，古村落的文化价值和历史价值就要大打折扣，丧失应有的地位。古村落和古民宅的保护和维修，有些是文物，是不可再生资源，是不能人为市场转让的，毁坏和遗失都会造成文物的损失；有些投资大且没有经济回报，企业和市场主体不愿意投资。古村落保护应按照农村公共文化保护的要求，把古村落和古民宅的维护和修复纳入财政的文化事业支出范畴，由地方政府财政安排专项资金，按照文物保护的要求，对古村落进行修复，挖掘古村落的人文资源，保护好我们的文化遗产。

第三，多渠道筹集资金，为古村落的开发提供政策支持。保护古村落最需要的是资金，最缺乏的是资金，完全依靠政府财政资金来解决，地方政府往往是"心有余而力不足"，财政只能解决亟须的公共投资，多渠道吸引投资是不二的选择。而古村落蕴涵丰富的旅游资源，包括原生态的自然资源和深厚文化底蕴的人文资源，这些旅游资源不仅引人入胜、吸引游客，而且也是吸引民间投资的重要因素，有利于乡村旅游开发。各地应在统一规划的前提下，有选择地吸引民间资本，投资古村落的开发。对投资古村落开发的民间投资，银行贷款可给予一定的财政贴息；旅游收入给予一定期限的税收优惠。通过制定相应的财政政策，吸引民间投资和外来投资，达到开发式保护的目的，实现民间投资和古村落保护的"双赢"。

第四，扶持村级集体经济，确保古村落的可持续发展。古村落的保护，有些是一次性的投入，有些是长期的投入；有些地方政府财政可以提供部分的公共投资，有些不能依赖政府财政投资。古村落的保护主要靠村级集体的力量来解决，这样，发展村级集体经济显得尤为重要。目前，不少古村落，尤其是偏远的古村落村级集体经济比较薄弱，难以承担古村落保护的重担。财政支农要把古村落集体经济的发展和古村落的开发结合起来，鼓励古村落发展有发展前景、有稳定收入来源的物业经济、旅游经济等，把资源优势转化为经济优势，确保村级集体有稳固的收入来源，以维护古村落长期稳定的发展。

新型城镇化财政必须把握重点寻求突破

城镇和农村是相对而言的，城镇是在经济社会发展的基础上人口集聚而产生的，是一定区域范围内经济、文化、教育、医疗、科技等方面的中心。从城镇的变迁和发展变化来看，产业是城镇化发展的基础，是人口集聚的纽带，离开了产业支撑城镇化的发展是不可持续的，而公共服务是城镇化发展的保障，没有良好的公共服务，城镇就没有吸引力，城镇化发展将难以实现。工业化、城镇化、现代化是经济社会发展的规律，也是经济社会发展的标志和文明程度的标志，经济社会发展的过程，也是城镇化水平不断提升的过程。随着我国经济社会的不断发展，我国的城镇水平不断提高，2000～2012年，我国的城镇化水平几乎以每年1个百分点以上的水平提高，到2011年已超过50%，2012年达到52.6%，但和欧美发达国家相比还有较大的差距，城镇化还有不少的提升空间。未来的城镇化如何发展，党的十八大提出，要坚持走中国特色新型工业化、信息化、城镇化、农业现代化道路，促进工业化、信息化、城镇化、农业现代化同步发展，进一步明确了新时期城镇化的发展道路和发展方向。

城镇化的发展，尤其是城镇公共服务水平的提升，离不开财政政策的支持，而新型城镇化不同于传统的城镇化，新型城镇化必须是大中小城市相结合的城镇化，新型城镇化必须是人的城镇化。为此，财政应该按照新型城镇化的要求，把握财政政策的重点，把新型城镇化和财政政策有机结合，寻求政策突破口，推进新型城镇化建设。

第一，要明确支持的重点和方向，加快新型城镇化的发展进程。新型城镇化建设涉及面广，资金需求量大，财政难以做到面面俱到，给予"普降细雨"式的扶持，只能集中财力，一方面重点支持城镇的基础设施建设，改善城镇道路交通、供水供电、邮政通讯、污水排放等条件，提升城镇发展环境和软实力。另一方面要做好城镇的产业规划和产业发展，把更多的产业引入产业园区或产业开发区，对产业园区的通路、通水、通电、通气等基础条件改善和科研成果转化利用、人才集聚、信息交流等公共服务平台建设，财政要给予适当的资金支持。同时，各级财政要逐步增加财力投入，努力改善城镇的公共服务，提高城镇的文化教育、医疗保险、公共卫生、社会保障等公共服务水平，以扩大城镇的凝聚力、影响力和辐射力。

第二，要多渠道筹集资金，加快新型城镇化建设。新型城镇化建设，需要大量的投入，资金是关键。只有光明的远景和美好的规划，没有资金的投入，新型城镇化只能是"空中楼阁"，难以实现。而大量的投入，资金来源是基础，多元化的资金来源是保障，仅靠财政投入，财政"心有余而力不足"；仅靠社会资本，没有一定的投资回报，吸引民间资本也难以成行。因此，各级财政要挤出一定量的财政资金，增加对城镇发展薄弱环节的基础设施和公共服务的投入，并发挥财政资金"四两拨千斤"的调控作用，引导民间资本投身于城镇化建设，重点支持发展前景好、辐射范围广的城镇，提升城镇的发展空间，逐步提高城镇的辐射力和影响力。同时，地方各级政府必须统筹规划，合理有效地开发有限的土地资源，既要避免土地资源的浪费，又要维护好农民的利益，确保城镇化的可持续发展。

第三，要发挥财政体制优势，尤其是要把财政省管县的优势和市管县的优势结合起来，推进新型城镇化建设。新型城镇化建设要合理规划，大中小城镇相结合，要避免中心城市不强、中小城镇遍地开花的弊端，财政体制是不可或缺的调控因素。目前我国财政体制有"省管县"和"市管县"两种模式，财政"省管县"体制有利于县域经济的发展，推进区域均衡发展和基本公共服务均等化的实现，促进中心城镇的发展，而财政"市管县"体制，有利于集中财力促进中心城市的发展。财政"省管县"体制推行的同时，必须把财政体制省管县和市管县的优势结合起来，中央财政和省市财政要适当下放财力，财力要适当向大中小城市和中心镇集中，以集聚资源要素。同时，对中心城市财力向所辖县市转移支付的，省级财力要给予支持，引导区域的均衡发展，提升中心城市的辐射力。

第四，要按城乡一体化的要求提供公共服务，确保实现人的城镇化。城镇化不是造城运动，核心是人的城镇化，更多要体现以人为本，凝聚人心，增强城镇的吸引力，能留住人，有生存和发展的空间。虽然我国 2012 年城镇化的水平已达到 52.6%。但真正的城镇居民还不到 40%，二元的经济社会结构是影响城镇化的重要因素。新型城镇化必须打破二元结构，财政应该根据财力的可能，按照城乡一体化的要求，制定公共政策，提供均等的公共服务，使城乡居民同等享受基本公平的教育、医疗、社会保障等基本公共服务，确保城乡居民的有序流动，实现人的城镇化。而那种人为设定的制度障碍，制定"隔离墙"或"篱笆"，按两种制度、两种身份提供公共服务，造成公共服务的不均衡，难以实现人的城镇化，不利于新型城镇化的发展，必须尽快废除，加以改革和完善。

当然，推进新型城镇化发展，不能忽视新农村建设，要避免城乡割裂和城乡差距的进一步扩大。同时，也要避免不切实际的过度城镇化，以致城市变成空城，以及过度城镇化出现的"城市病"。因此，财政必须根据新型城镇化建设的需要和地方财力的可能，抓住重点和薄弱环节，量力而行，做到有所为、有所不为，使财政的职能作用得到有效发挥。

加快欠发达地区财力
新增长点的培养

　　如果说物质运动是绝对的，静止是相对的，那么也可以说区域发展不平衡是绝对的，平衡是相对的。由于历史的、地理的、自然的客观原因，以及资源禀赋的差异，经济发展不平衡是客观存在的，有些地区经济相对发达，有些地区经济相对欠发达，这是不以人的意志为转移的。在世界范围内有南北差异，在我国也有东西部的差异，东部沿海比较发达，西部内陆比较落后。即使在东部发达的地区，也有发展不平衡的差异，如广东的珠三角地区比较发达，粤北地区相对落后，江苏的苏锡常地区比较发达，苏北地区相对落后；山东的胶东半岛比较发达，沂蒙山区相对落后，等等。但这种发展的不平衡，地区发展的差异是相对的，是可以改变的，我国经济的发展就是很好的佐证。

　　改革开放初期，我国经济发展落后，劳动力富余且成本低廉，发展经济的潜力巨大。我国充分利用劳动力成本低廉和人口大国市场广阔的比较优势，抓住发达国家经济结构调整、产业转移的机遇，出台改革开放的政策，打开国门，大量引进外资和外企，发展劳动密集型产业，发展加工业和制造业。经过改革开放30多年的发展，我国经济迅速崛起，已成为全球的制造中心和世界第二大经济体，成为发展中国家成功的典范。

　　由此可见，面对发展的不平衡，经济欠发达地区关键是要寻找到比较优势和后发优势，实现经济的又好又快发展。那么，经济欠发达地区有些什么比较优势呢？一是劳动力成本优势。欠发达地区商品经济不发达，物价水平低，居民的收入不高，劳动力富余且成本低。二是市场优势。欠发达地区基础设施落后，居民的生活水平低，与发达地区的基础条件和生活条件差距大，居民改善生活条件的愿望强烈，开发商品市场的潜力大。三是土地资源优势。在经济发达地区，制约经济发展的主要因素是土地，不少地区由于缺乏可用的土地经济发展空间受到严重制约，而欠发达地区，土地资源相对要好，且不少地区拥有大量可开发的低丘缓坡，这些低丘缓坡开发利用的成本低，发展经济有得天独厚的优势。四是资源优势。经济欠发达地区，交通相对落后，不少地区矿产资源、森林资源、水利资源、生态资源丰富，一旦资源优势转化为经济优势，发展势头不可抵挡。当然，这些优势是相对的，也不是所有欠发达地区都具备的，有些地区仅仅具备某些优势，但是，欠发达地区发展经济的潜力是毋庸置疑的。

对相同的问题，从不同的角度看，结果是不一样的。转换一种思路看可以得出不同的结论，可谓"换一种思路海阔天空"。一般认为，欠发达地区经济落后，发展难度大，扶贫任务重，是政府的负担、扶持的难点，但看到了欠发达地区的比较优势或后发优势以后，对欠发达地区会有不同的认识，政府扶持欠发达地区的发展就会有着力点。

如果说改革开放30多年，我国经济的崛起靠的是劳动力成本低的比较优势，那么欠发达地区是我国未来经济发展的重要潜力所在，是新的经济增长点。当前，受全球金融危机和欧洲债务危机的影响，我国经济发展面临不少挑战。一方面，世界经济发达体，主要是欧美国家，受金融危机和债务危机的影响，对我国商品的进口锐减，我国的外贸形势严峻，外需日益萎缩，出口对经济的拉动作用下降；另一方面，随着我国劳动力成本的逐步上升，我国传统制造业的成本优势越来越受到来自越南、印度尼西亚等东南亚国家，以及印度、墨西哥等新兴经济体的竞争压力。在这种情况下，我国经济面临外需不振，内需又受城乡居民收入水平的影响，一时难以启动的局面，加快未来新经济增长点培养显得尤为突出。显然，欠发达地区成本优势和市场优势的潜力，作为未来经济新增长点是不二的选择。而发展经济，培养财源是财政的重要职能，是财政的基础，是财政职能作用发挥的保障。因此，各级财政必须发挥财政资金"四两拨千斤"的作用，抓住扶持方向，明确扶持重点，把欠发达地区作为财力新的增长点来培养，作为扩大内需的重要增长极来培育，加大对经济欠发达地区的财政扶持力度，将经济欠发达地区的资源优势转化为经济优势，比较劣势转化为比较优势，推进欠发达地区发展。

第一，要加大对经济欠发达地区劳动力培训的扶持力度，将劳动力优势转化为人力资本优势。发展经济，人才是关键。欠发达地区虽然劳动力成本低廉，劳动力资源丰富，但由于欠发达地区教育相对落后，劳动力素质比较低，不少劳动者缺乏劳动技能和谋生手段，只能从事简单的体力劳动和简单的再生产，社会化大生产的适应能力差，难以适应现代化、信息化的发展需要。而要将劳动力优势转化为人力资本优势必须对劳动力进行培训，提高劳动者的劳动技能和就业能力，政府在这方面是有所作为的。地方政府应根据劳动者自身特点和劳动力市场需要，通过财政补助的形式，给予时间长短不一的多种形式的免费培训，提高劳动者的劳动技能，满足市场需要。同时，要从欠发达地区的实际出发，除了义务教育之外，要大力发展职业教育。市场经济大量需要的是职业技术人才，职业教育培养的是市场需要的有一技之长的技术人才，能直接与市场对接，社会需求大，容易就业，尤其适合欠发达地区。地方政府要像发展义务教育一样发展职业教育，给予相应的财政支持和费用减免，加快欠发达地区的人才培养。

第二，要加大对经济欠发达地区农业综合开发的扶持力度，将传统农业转化为现代农业。一般来说，欠发达地区以农业为主，农业在国民经济和劳动力就业中占有相当的比重，而传统农业比较效益低，增产不增收、增产不增效是普遍现象，农民难以从农业中获取较好的收成和较好的收入。要改变传统农业的现状，必须加大对欠发达地区农业综合开发的扶持力度，大力发展现代农业，提高农业的科技含量和生产效益，实现农业增产与增效同步。但现代农业不同于传统农业，现代农业的机械化水平和社会化水平都比较高，相应的，风险大、投入也比较大，仅靠农户一家一户经营难以取得实效，政府财政一方面要加大投入，另一方面要对财政支农资金进行整合，集中资金，重点支持农业的基础设施建设，农产品的科研开发，改善农业的生产条件和抗风险能力，提高农业的生产水平。

第三，要加大经济欠发达地区财源培养的扶持力度，改招商引资为招商选资，提高产业的竞争力。欠发达地区的发展，除了要靠上级政府，尤其是中央政策的扶持外，关键是靠自身的发展，外因只能依靠内因起作用，更何况再大的外因也是"杯水车薪"，不能解决欠发达地区发展的根本问题。欠发达地区必须发挥自身的比较优势，充分利用发达地区产业转移的机会，大力吸引外来投资，发展经济，改善民生。欠发达地区的财政必须在财力十分紧张的前提下，千方百计挤出资金，加大对交通、通讯等基础设施的投资，改善发展环境和投资环境，扩大投资，增强产业的发展和经济的竞争力。但是，欠发达地区发展产业的起点要高，尽量避免发达地区曾经出现过的以牺

财政热点
面对面

牲环境为代价的发展老路，那种"先发展，再治理"的发展模式是得不偿失的。欠发达地区在引进投资方面，要从盲目地招商引资改为招商选资，要防止投资"饥渴症"，以实现科学发展、和谐发展。

第四，要加大经济欠发达地区生态的保护力度，将"青山绿水"转化为"金山银山"。经济欠发达地区相对来说地理位置偏僻，大部分远离大城市，属于生态屏障地区，拥有"蓝天白云"和"青山绿水"。由于受生态保护的制约，不少地区发展受到限制，虽然拥有"青山绿水"的"聚宝盆"，但始终没有摆脱贫困和落后的面貌。其实，生态资源是非常脆弱的，一旦破坏了，在短时间内难以恢复，而欠发达地区的生态优势是无穷的宝库，发展生态工业、生态农业、生态旅游业拥有无可替代的优势，是欠发达地区改变面貌的宝贵资源。各级政府财政要加大对欠发达地区生态保护的力度，建立有利于生态保护的生态补偿机制，增加对欠发达地区的投入力度，把欠发达地区的资源保护和资源开发结合起来，使欠发达地区守住"青山绿水"能够发展致富。当然，我国也有不少欠发达地区，生态环境恶劣，资源枯竭，水土流失严重。对这些地区，地方政府要按照国家主体功能区规划的要求，实行退耕还林、退牧还草，加大治理的力度，以避免水土流失和土地的沙化。

第五，要加大欠发达地区城镇化进程的投入力度，将分散发展转为集中发展。地域广阔、人口分散、资源要素不集中、发展难度大是经济欠发达地区的普遍特点，应该说各级政府也是非常重视欠发达地区发展问题的，不断加大对欠发达地区的投入力度，改善了欠发达地区的道路交通、通讯电网等基础设施，提高了经济欠发达地区的教育文化、医疗卫生、社会保障等公共服务水平，但是由于欠发达地区人口分散，使得政府扶持的财力分散，而"天女散花"、"普降细雨"式的扶持，难以取得预期的效果，有的甚至走了不少弯路，得不偿失。财政扶持必须抓重点，推进欠发达地区的城镇化进程，改善中小城镇的投资环境，提升中小城镇对周边的带动和辐射能力。同时，加大对"下山脱贫"和"移民搬迁"的扶持力度。对那些生活在高山、远山，生存条件恶劣，发展难度大的农村人口实施搬迁，迁移到发展条件相对较好的小城镇和中心镇，将分散的人口适当集中、将分散的生产要素适当集中，变分散发展为集中发展。

第六，要加大经济欠发达地区政策的扶持力度，将资源优势转化为经济优势。经济欠发达地区不少属于"老、少、边、穷"地区，但资源丰富，发展潜力巨大，要让潜在的资源优势转化为经济优势，发展经济，造福百姓。在政府财力有限，民间资本富裕的前提下，国家除了财力的支持外，更应该从财政政策上给予支持，发挥民间资本的作用，引导欠发达地区又好又快发展。可行的政策是依照国家建立经济开发区的政策，除了部分国家功能区规划中禁止或限制开发的地区外，在一些欠发达地区建立"扶贫开发区"，对"扶贫开发区"内引进的企业和项目，可比照国家高新技术企业的税收政策，实行15%的所得税优惠税率，鼓励民间资本和外来资本对欠发达地区的投资。这样做，一方面能够解决欠发达地区发展遇到的资金瓶颈问题，推动欠发达地区的发展，另一方面又能吸引民间投资，为民间资本投资实体经济寻找出路，实现欠发达地区经济发展和民间资本增值的"双赢"。

"搬迁移民"是财政扶贫的有效途径

　　扶贫是社会的难题，也是政府的责任，从国际组织如世界银行到区域组织如亚洲开发银行，从各国政府到地方政府，都把扶贫放在重要的位置。因为贫困会导致发展的不平衡，产生许多社会问题，如社会治安的恶化、犯罪率的上升等，而许多贫困又不是主观原因产生的，是由于自然环境等客观原因造成的，是不以人的意志为转移的，这就需要政府的扶持，发挥政府财政的职能作用，缓解贫困问题。

　　作为世界上最大的发展中国家，早在20世纪90年代，我国政府就制定了"八七扶贫攻坚计划"，开始了政府主导、充分发挥市场机制作用的扶贫攻坚任务，创造了中国经济发展奇迹，尤其是基本解决了13亿人口的"吃饭问题"，为世界经济发展作出了重大贡献，成为发展中国家发展经济的成功典范。按照全国农村扶贫标准2000年的865元和2010年的1 274元衡量，农村贫困人口数量从2000年底的9 422万人减少到2010年底的2 688万人；农村贫困人口占农村人口的比重从2000年的10.2%下降到2010年的2.8%。但是，我国的扶贫取得成绩还是初步的，扶贫水平还是较低的，根据到2020年全面建设小康社会目标的要求，2011年我国将农民人均纯收入2 300元（2010年不变价）作为新的国家扶贫标准，这个标准比2009年1 196元的标准提高了92%，对应的扶贫对象约为1.28亿人，占农村户籍人口比例约为13.4%。提高扶贫标准，有利于覆盖更多扶贫对象，使刚越过温饱线的贫困农民尽快实现脱贫致富，缩小城乡与区域发展差距。但是，政府扶贫的任务还任重而道远。

今后政府扶贫如何突破，还是要从现实出发。我国目前的贫困人口尤其是特困人口主要集中在西南、西北和中东部部分自然条件比较差的地方，即集中在老少边穷地区，这些地区共同的特点是，生存环境恶劣，不少地区山高路远，土地贫瘠，信息闭塞，严重缺水，不适合人类生存和居住。这些地区是扶贫的难点，也是全面建设小康社会的难点。对这些地区的扶贫，政府必须转变扶贫思路，一味地给予、一味地"输血式"的扶贫，无助于问题的解决，只能使这些地区的贫困人群养成严重的依赖症和"等、靠、要"的思想，依赖政府的救济。要彻底解决这些地区的贫困问题，必须转变思路，实行"造血式"扶贫，改变这些地区贫困人群的生存环境，提高这些地区贫困人群的市场意识和自我发展意识，"搬迁移民"是政府扶贫可行的现实选择。

政府的扶贫思路调整了，财政的着力点、作用力必须作相应的调整，围绕"搬迁移民"展开，让贫困人群"移得起，住得住，能发展"，使移民扶贫工作取得实效，以适应新时期扶贫工作的需要。

第一，财政扶贫要理清扶贫思路，解决如何移民的问题。贫困的原因是多方面的，有的是因为自然条件的原因，生存条件恶劣，不适应人类的生存和发展；有些是因为基础设施的原因，交通通讯等基础设施滞后，资源优势不能转化为经济优势，影响了发展；有些是因为体制制度方面的原因，不能充分调动群众创业致富的积极性，阻碍了经济和社会事业发展，等等。针对不同原因导致的贫困，扶贫致富的发展思路是不一样的，否则，就会犯教条主义的错误，甚至是南辕北辙，欲速而不达。各地政府在扶贫过程中，财政一定要结合地方实际，理清扶贫的思路，有针对性地采取脱贫的措施；是自然环境造成的，应该采取"移民脱贫"；是基础设施造成的，应加快基础设施建设；是制度体制造成的，要加快制度的调整和完善，或者，采取综合性的措施，以避免"脱贫"又"返贫"的反复。"搬迁移民"要采取整体搬迁和零星搬迁相结合，尽量向平原和小城镇搬迁，实现人口的集聚，以发挥小城镇的辐射和带动作用，使贫困人群能够公平地享受到政府的公共服务。

第二，财政扶贫要发挥资金的引导作用，解决移民"移得起"问题。要扶贫就需要有投入，如果完全依赖政府的投入，由于受财力的限制，政府也力不从心。即使政府有能力，也不能包办，否则，会使贫困人群产生依赖心理，增加政府扶贫的难度。当然，政府光是口号式的扶贫，也得不到群众的拥护，扶贫的效果要大打折扣，甚至说作用难有起色，政府作用的度很重要。政府扶贫要有所为有所不为，发挥政府财政资金的引导作用，根据贫困人群的家庭条件，给每个家庭必要的财政补助，鼓励和引导群众"搬迁移民"。重点要发挥市场机制的重要，尤其是要发挥银行信贷资金的作用，要根据扶贫对象的实际，建立市场化的机制和手段，政府重点是牵线搭桥，发挥贫困人群积极性，调动贫困人口的内在潜力，使扶贫对象既有动力，又有压力，达到扶贫的效果。

第三，财政扶贫要帮助移民提高就业的能力，解决移民"稳得住"问题。贫困人群的共同特点是文化素质偏低，文盲和半文盲占的比例高，生活比较封闭，商品意识、市场意识不强，对外界的因素了解甚少，不能适应商品经济、市场经济发展，缺乏劳动技能，就业技能低，光靠"输血式"扶贫，很容易"脱贫"后又"返贫"，治本之计在于提高他们的劳动技能和就业能力。各地的扶贫，不在于政府拿出多少资金，关键是这些资金的使用，是否真正提高了贫困人群的"造血"能力。政府财政要专门安排专项资金，对下山搬迁的移民进行免费的专业技能培训，要根据贫困人群的特点，采取适合不同人群特点的多样性的劳动技能培训，授之于"渔"而非"鱼"，使他们有一技之长，能自食其力，下山后能够"稳得住"，摆脱贫困，直至走向富裕，从而使财政扶贫起到事半功倍的效果。

第四，财政扶贫要帮助创造致富的机会，解决移民"富得起"问题。扶贫的核心是使贫困人群有就业的机会，无论是从事传统的农业，还是制造业、服务业，使贫困人口能自食其力，而不是简单的政府救济，否则，扶贫问题无法解决，即使解决了也是短期的，容易反复。各地扶贫必须统筹规划，发挥地方优势，积极发展经济，提供就业岗位，创造就业机会。一方面，发挥扶贫对象的一技之长，发展效益农业、高山农业，提高农产品的附加值，使农民增产又增收；另一方面，积极发展来料加工，发展加工工业，实现富余劳动力的转移，使扶贫对象有谋生、发展和致富的机会，提高扶贫对象的收入，使下山移民"富得起"，生活有奔头，这样的扶贫才是治本的扶贫。

农村金融改革欠发达地区
先行先试

农业、农村、农民问题即"三农"问题始终是我国经济工作的重点，从 2004 年起中央连续 9 年出台了关注"三农"工作的"一号文件"，每年的中央经济工作会议都把"三农"问题放在突出的位置，国家也先后推行了农村税费改革和农村综合改革、新型农村合作医疗改革、新农村建设等，各级政府不断加大对"三农"的投入力度，农村经济社会事业发展有了长足的进步，农业的基础地位得到了巩固，农村面貌得到了改善，农民收入水平得到了提高。但是，农村的社会化服务体系建设依然滞后，尤其是金融服务体系建设滞后，制约了农村经济社会事业的进一步发展。为了缓解农村金融服务发展滞后，农村经济社会事业发展融资困难问题，2012 年 3 月 30 日，中国人民银行和浙江省人民政府批准丽水市为全国首个农村金融改革试点区，掀开了农村金融改革的序幕。

丽水市作为浙江省经济欠发展地区及浙江省的生态屏障地区，被选作农村金融改革试验区，开始农村金融改革的先行先试，既出乎人们的意料，又在人们的意料之中。浙江省作为我国经济发达地区，经济社会发展对金融的需求大，金融环境好，但浙江省的金融发展不平衡，尤其是经济欠发达的丽水地区金融发展滞后，农村金融尤甚，至今还有部分乡镇金融空白点没有消灭。而丽水地区农业经济占的比例高，森林覆盖率高、农产品资源丰富，发展山区经济、生态经济有得天独厚的优势。再加上丽水市在全国较早就进行了"林权"制度的改革，农民拥有自己的林地，只是苦于缺乏资金，农村金融远远落后于农村经济发展、山区经济开发的需要，以至于青山绿水难以转化为"金山银山"。国家寄希望通过丽水的农村金融改革，大力发展农村金融，为广大农民创业闯荡市场、开发山区经济、发展效益农业等提供小额贷款的资金支持，解决"农民贷款难，银行难贷款"的问题，以改变农村长期以来资金单向外流，使原本资金缺乏的农村更加缺乏资金的通病，也改变长期以来欠发达地区农村资源优势不能转化为经济优势，守着"金山银山"过"穷日子"的弊端，从而提高农民的市场意识、风险意识，加快农民致富奔小康的步伐，实现城乡统筹发展、区域均衡发展的目标。同时，金融也是产业，是现代服务业的重要组成部分，通过丽水农村金融改革和发展，使金融逐步向农村延伸，提高了金融的覆盖范围，为金融拓宽领域、开拓业务范围提供了空间，以壮大金融业的实力和抵抗风险的能力，实现金融发展和经济发展互相依存、互相促进、共同发展的良性循环。

农村金融改革的核心问题是要解决金融的需要和金融供给之间的矛盾。丽水农村金融改革，必须围绕缓解农村经济社会发展的资金矛盾展开，首先，要发展农村金融，金融要向农村延伸，打通金融"最后一公里"问题。农村金融不同于城市金融，农村金融有农村的特点，经常是业务的额度少且分散，业务工作量大难度也大，业务的季节性强。针对农村金融的特点，各类金融组织，尤其是涉农的金融组织要因地制宜，结合农村实际，要加快在农村开设网点，开设更多适合农村的金融业务，方便农村需求、农民需要，为农村经济发展服务。其次，要创新农村金融，要突破限制农村金融发展的条条框框，否则，谈不上金融改革，农村金融改革和发展也没有生命力。农村金融创新是综合性的创新，既体现为金融组织的创新，又体现为抵押物的创新。要打破农村信用社独家垄断经营的农村金融体系，要大力发展村镇银行、小额贷款公司、农村资金互助社等服务农村的金融组织，村镇银行要以服务"三农"为主业，避免农村资金的外流。另一方面，服务"三农"的农村金融不同于服务企业的城市金融，要拓宽融资的抵押范围，除了原有的林权外，茶园、果园、菜园等也应允许作为抵押物，以缓解农民融资难的困境。农村金融创新还应体现在贷款利率的创新，农业还是弱质产业，有靠天"吃饭"的因素，拥有政策性的成分，本身需要政府的政策扶持，对"三农"的贷款不能完全按照商业贷款的条款来套用，应该有更多的灵活性，贷款的利率要有适当的下浮弹性，以体现国家支农贷款的政策性，等等。

发展农村金融体系和创新农村金融形式，这既有利于发展农村经济，又有利于开辟政府财源，开创政府理财的新领域，也为财政支持农村金融改革提供了方向和重点。地方财政要积极有为，密切配合和支持丽水农村金融改革。

首先，财政组织上要对农村金融改革给予保障。农村金融工作千头万绪，联系千家万户，服务对象点多面广量大，工作开展的难度大，而财政的基础组织——乡镇财政扎根在基层，和"三农"直接打交道，熟悉"三农"，和"三农"有着千丝万缕的联系。可以说，基层财政和农村金融本身就有合作的基础，能够发挥两者的组合效应。因此，丽水的农村金融改革，要发挥好乡镇财政的功能作用。乡镇财政不仅可以通过财政资金引导金融资金向农村投放，繁荣农村金融，而且乡镇财政可以凭借熟悉"三农"、了解"三农"的特点，为农村金融业务开展提供服务，从而为农村金融发展提供组织保障。

其次，财政资金上要对农村金融改革给予支持。农村金融主要用于农村发展，而支持农村发展本身是公共财政的重要职能，公共财政的不少支出是用于"三农"方面的，公共财政和农村金融在政策上有异曲同工之妙，政策的落脚点是一致的，二者合理结合必将起到事半功倍的效果，因此，丽水农村金融改革要发挥好财政资金"四两拨千斤"的引导作用，支持农村金融改革，对农村的金融组织财政要在资金上给予支持，把财政资金的存款和农村金融支持"三农"发展挂钩，以壮大农村金融的实力；要整合好财政支农方面的资金，建立专门的财政支农资金配合农村金融改革，对一些带有政策性的支农项目贷款，如下山脱贫、农村危旧房改造、农业低产田改造等项目，财政要积极给予贴息，以发挥农村金融资金的乘数效应。

最后，财政风险上要对农村金融改革给予控制。农村金融重点是支持农村发展，解决"三农"发展中的瓶颈问题，但农村金融组织，不管是农村信用社，还是村镇银行、小贷公司、农村资金互助社，共同的特点是资金规模小、抗风险能力弱。而农村金融又恰恰是风险比较大、风险比较集中的金融形式，操作不好、资金使用不当，容易产生金融风险。金融风险如果得不到很好的规避，又会产生经济风险，甚至社会风险，风险的最终承担者肯定是政府，农村金融风险就会转化为财政风险。丽水农村金融改革，各级政府财政对农村金融风险必须要有清醒的认识，除了要通过发展储蓄保险等市场手段来规避金融风险外，地方财政必须要留有余地，为可能产生的农村金融风险提供财力保障，做到未雨绸缪，防患于未然。

财政热点

面对面

农村是金融的薄弱环节，欠发达地区又是农村金融的薄弱环节，丽水农村金融改革先行先试，积极探索，寻找农村金融改革和发展的突破口，对全国农村金融改革和发展必将起到示范和引导作用，其意义是不言而喻的。对这项改革，财政要发挥好职能作用，积极配合，主动支持，实现财政和金融的互动，促进欠发达地区经济社会又好又快发展。

金融改革的财政突围

如果说资金是企业的生命，那么金融就是经济的命脉，金融和经济的发展息息相关，没有一个国家或地区的经济发展能离开金融的支撑，没有一个国家或地区能离开金融支撑成为经济大国或经济强国，金融是经济社会发展的重要标志。世界经济发展的一般规律、世界经济大国的崛起也是从农业大国起步，发展到工业大国，再到贸易大国，直至金融大国。没有金融的发展，经济全球化、贸易自由化可以说是纸上谈兵，难以实现。

经过改革开放 30 多年的发展，我国已成为经济大国，世界第二大经济体，但我国经济发展面临一个突出的问题是，金融发展和经济发展不相称，金融发展的滞后已成为经济发展的严重阻碍，尤其是地方金融。一方面，民间资本富裕，资金虚拟化现象突出，大量的资金游离在"炒房"、"炒煤"、"炒股"、"炒艺术品"，以及炒民间"高利贷"上；另一方面，实体经济，尤其是中小企业"融资难"，难以从正常的渠道获取资金，资金链条断裂，企业老板"跑路"时有发生，造成正常经济社会秩序紊乱。如何解决民间资本富裕和实体经济资金紧缺的矛盾，2012 年 3 月 28 日，国务院批准设立温州金融综合改革试验区。寄希望通过温州金融的改革，温州金融发展的先行先试，走出地方金融发展的困境，为全国金融改革提供经验。

温州作为我国经济先发地区，有较好的金融改革发展基础。在改革开放之初，在人多地少，经济落后，又没有国家投资的情况下，温州充分利用国家改革开放的政策，发挥市场经济的体制机制优势，发扬温州人吃苦耐劳、敢为人先的创业精神，大力发展个体私营经济，走出了一条创业富民的发展道路。温州在发展中积累了大量的民间资本，创造了温州奇迹，创立了"温州模式"。温州金融改革，又给温州提供了新的发展机遇，必将成为温州经济发展的新里程碑。如何抓住机遇，通过温州金融改革，突破束缚金融发展的重重困境，把资本优势变成金融优势，实现地方金融大发展，以推动地方经济大发展，这是未来温州金融改革的关键。

财政和金融是国家实行宏观调控的重要政策手段，两者相辅相成，息息相关，相得益彰。一方面，金融业作为现代服务业的重要组成部分，金融业的大发展不仅能够为经济发展提供资金支持，也可以为财政提供大量的收入来源，壮大财政基础；另一方面，财政是金融发展的重要力量，是支持金融发展的有力政策工具，可以为金融发展和壮大提供资金支持和政策支持。财政支持金融发展义不容辞，财政必须选准着力点，发挥作用力，以起到事半功倍的效果。

第一，要积极为金融改革创造宽松的外部环境。金融业作为现代服务业的重要组成部分，金融业的发展既需要实体经济的支撑，更需要良好的外部环境支撑，包括便利的交通环境，优美的城市环境，和谐的人文环境，宽松的政策环境，等等。温州金融改革，财政要加大对交通通讯等基础设施的投资，以改善温州的交通通讯条件；加大对城市环境和治安的治理，以提高温州的城市品位；财政要积极参与地方政策制度的制定，以改善温州金融发展的软环境。通过外部条件的改善，为温州金融改革发展创造良好的外部环境，为温州经济的发展创造良好的投资环境。

第二，要支持做大做强地方金融。地方金融改革，核心是要规范金融秩序，做大做强地方金融，为地方经济，尤其是中小企业发展提供资金支持。温州要借金融改革的东风，健全地方金融体系，要做大城市银行、农村合作银行，要积极发展村镇银行和社区银行，以及担保公司、信托公司、租赁公司等等。财政要从体制上给予支持，金融业税收增长部分要尽量留存地方，以调动地方发展金融业的积极性；要建立财政专项资金，支持金融企业的增资扩股，对金融企业公开上市的要给予政策支持；要建立专门的财政性基金，引导社会资金投资地方金融改革，规范民间金融行为，壮大金融企业的资金来源；对新成立的村镇银行、社区银行、担保公司、信托公司、租赁公司等，要在税收上给予一定的优惠。

第三，要鼓励金融创新。没有创新就没有突破，温州金融改革，既要巩固现有的金融体系，更要支持金融创新。如果不进行金融的创新，难以建立适应地方金融发展需求的现代金融体系，温州金融改革也无从谈起。创新不仅仅局限于金融体系的创新，更应包括金融体制机制的创新。财政要积极参与金融改革的顶层设计，要建立民间融资市场化的机制，把民间融资从"地下"转向"地上"，使民间融资合法有序；要建立金融资本存贷挂钩的机制，可以把财政性存款作为政策工具，将其与金融业对中小企业的贷款挂钩，解决金融企业惜贷的问题；要建立金融资本投资实体经济的机制，引导金融资本投资实体经济，支持中小企业发展，对有金融资本投资的中小企业，财政可给予一定的贴息。

第四，要帮助引进高素质的金融人才。金融的发展，人才是根本，没有人才的支撑，现代金融业的发展无从谈起。温州金融改革，需要有大量熟悉国际金融市场业务，掌握现代金融工具的专业人才。财政政策要积极帮助引进高素质的人才，要对引进人才的住房、子女就学等方面给予照顾，解决引进人才的后顾之忧，以使金融人才能够引得进，引进的人才能够留得住。

兵马未动，粮草先行。无论如何，财政对温州金融改革的作用和意义是多方面的。在温州金融改革起步阶段，在各方都在寻找着力点的时候，财政必须提前介入、率先介入，发挥好财政的职能作用，为温州的金融改革保驾护航。

将医疗改革进行到底

　　医药卫生体制改革简称医疗改革，是实现"学有所教、劳有所得、病有所医、老有所养、住有所居"和谐社会建设的重要内容，直接关系到城乡居民的健康，家庭的和谐，社会的稳定。如何实现"病有所医"，推进医药卫生体制改革，国务院《"十二五"期间深化医药卫生体制改革规划暨实施方案》明确提出，"十二五"期间要在加快健全全民医保体制、巩固完善基本药物制度和基层运行新机制、积极推进公立医院改革三个方面取得重点突破，使看病难、看病贵问题得到有效缓解。

　　为了解决老百姓的"病有所医"问题，新中国成立以来我国曾进行过长期的探索，积累了不少成功的经验，有效的做法，如消灭了"血吸虫病"，解决了缺碘性"大脖子病"，"肺结核病"不再是不治之症等难题；也有不少教训值得总结，公立医院出现姓"'钱'不姓'公'"，基层医疗机构出现大批转让消亡，公费医疗"一人看病，全家吃药"等现象，导致"看病难"成为社会热点问题，"看病贵"成为老百姓的沉重负担，"因病致贫、因病返贫"时有发生，影响了社会的和谐，百姓的安康。

　　党的十六大以来，按照"统筹城乡经济社会发展的要求"，我国加快了医疗制度改革。2003年以来，我国开始了新型农村合作医疗制度改革，把农村居民逐步纳入医疗保障的范畴；2007年以来，我国又出台了城镇居民医疗保险制度改革，把城镇居民纳入医疗保障的范畴；尤其是2009年以来我国开始了新的医疗改革试点，并把医疗改革纳入"十二五"规划。"看病难、看病贵"不再是社会的难题，不再是老百姓的沉重

財政政策求实效

137

负担，全民医疗将成为可能。

医疗改革关乎民生顺应民意，牵一发而动全身，涉及方方面面的利益调整。要解决"病有所医"的问题，必须全面推进，系统改革。

一是要健全医疗保险体系，解决城乡居民"因病致贫、因病返贫"的问题。免费医疗既不符合医疗改革的方向，也不符合我国的国情。从世界各国的情况看，解决居民医疗问题主要靠医疗保险。目前，我国已基本建立了职工医疗保险、农民新型合作医疗保险、城镇居民医疗保险等，医疗保险基本覆盖社会各类群体，全民医疗的保险体系初步建立。但是，我国的医疗保险水平还是低水平的，且各类医疗保险的标准不统一，差距比较大，影响了基本公共服务的均等化。我国必须进一步加强医疗保险体系建设，加大政府财政对医疗保险的投入，提高医疗保险的水平，逐步建立城乡一体化的医疗保险体系，使城乡居民有能力看病，从而避免"因病致贫、因病返贫"的问题的出现。

二是要加强基层医疗机构建设，解决城乡居民"看病难"的问题。有了医疗保险，还必须有看病的地方，即医疗机构。如果大病小病都集中到大医院，不仅医疗成本高，而且给城乡居民带来很多的不便，也容易导致大医院"人满为患"，造成医疗资源浪费。因此，必须加强基层的医疗机构建设，建立乡镇卫生院和社区、村级卫生室，推进医疗资源的合理配置和大小医院的合理分工，实现"小病不出社区"，方面群众就近就医，缓解群众"看病难"的问题。

三是要加快公立医院改革，解决城乡居民"看病贵"的问题。"看病贵"的核心问题是药品价格高，而这又是长期以来"以药养医"的医疗制度造成的。要把药品的价格降下来，必须割裂药品和医院的内在联系，使药品的价格真正反映价值。这就要求加快公立医院改革，提高公立医院的医疗水平，建立起"以技养医"的医疗制度，使城乡居民能看得起病，缓解"看病贵"的问题。

为经济发展保驾护航是财政的职责所在

"为有源头活水来"。财政来源于经济的发展，"发展经济，培养财源"是财政的重要职能，是财政工作的基础。没有经济发展的基础、没有经济发展的支撑，财政好比"空中楼阁"，改善民生加大财政投入就无从谈起。自然，发挥财政的职能作用，为经济发展创造宽松的环境是财政的职责所在。

2008 年底以来，由于受美国次贷危机引发的全球金融危机以及欧洲债务危机的影响，世界经济遇到前所未有的困难，我国经济也不能独善其身、置身事外。面对"外需萎缩，内需不振"的经济形势，为了刺激需求，扩大投资，国家加大了对经济的宏观调控，及时采取了积极的财政政策和稳健的货币政策，加大了财政货币政策的调控力度和对经济的扶持力度，我国经济逐步开始企稳并缓慢有所回升，从宏观经济的主要先行指标制造业采购人经理指数 PMI 看，从 2012 年 10 月我国制造业 PMI 上升到 50.2，至 2013 年 2 月已连续 5 个月保持在 50 以上，这表明我国经济趋稳回升态势已初步形成，投资和消费开始回升，企业信心增强。但是，我国经济发展的外部环境依然严峻，发展环境复杂多变，经济复苏进程仍然艰难曲折，企业发展中遇到的融资难、招工难、用地难、创新难等问题依然存在，不少中小企业还面临成本上升、订单不足等多重压力，有些问题甚至非常突出，严重影响了企业的发展、影响了经济的复苏。

作为经济发展重要调节杠杆的财政，面对当前复杂多变的经济环境、面对来之不易的经济发展形势，要发挥好财政职能作用，加快职能调整，加大改革，加强服务，为企业发展创造宽松的环境，为经济发展保驾护航。

首先，加大公共服务投入，为企业创造发展环境。发挥财政职能作用，支持经济发展，必须处理好政府和市场的关系。在社会主义市场经济条件下，市场是资源配置的主体，必须发挥市场资源配置的基础性作用，只有市场作用不到或作用不好的方面或领域，财政才能或者才应该介入。在政府财力有限的前提下，财政扶持经济发展必须抓重点和抓经济发展的薄弱环节，财政投资重点应放在投资规模大、周期长、回报低的基础设施领域，用于道路交通、通讯电力、管道排污等公共事业的投资，改善投资环境，提升公共服务。同时，财政要发挥财政资金"四两拨千斤"的经济杠杆作用，整合财政资金，重点用于产业园区、公共服务平台、科技孵化器等方面的公共投资，降低企业的投资风险，引导社会资本、民间资本投资实体经济，为企业发展创造外部环境。

其次，发挥财政政策的杠杆作用，为企业缓解困难。企业发展过程中遇到融资难、招工难等各种困难，有些是企业自身原因造成，通过自身努力可以解决的；有些是客观原因、外部环境造成的，完全靠企业自身的努力也是力不从心的。而财政政策的作用，就是化解和缓解矛盾，起到事半功倍的效果。对企业遇到的融资难、融资贵的问题，财政政策可以和货币政策配合，把政府的财政存款和银行的贷款挂钩，引导银行向企业融资，同时，给予适当的财政贴息，引导银行资金投向符合产业发展要求，经济效益好的企业，缓解企业的融资难、融资贵；对企业遇到的招工难问题，政府可以运用财政资金，加大对农村劳动力的职业培训，提高农村劳动力的劳动技能，把潜在的劳动力资源转化为现实的劳动力资本，缓解企业的招工难；对企业遇到的创新难，财政要加大科技投入，加快高校和科研院所的科技成果转化，对转化的科研成果给予财政补助，提高企业尤其是中小企业的创新能力，通过这些财政政策的作用为企业创造发展条件，为企业缓解发展困难。

第三，继续推进结构性减税，为企业减轻负担。近几年为启动经济发展，国家陆续出台增值税转型、提高小微企业增值税和营业税的起征点、给小微企业减半征收所得税、在上海等地开始"营改增"改革试点等结构性减税的政策，这些结构性减税政策的出台，实实在在减轻了企业的负担，使企业真正享受到休养生息的政策福利。在国民收入"蛋糕"既定的情况下，国家集中多了，企业负担就重；但国家集中少了，国家职能不能实现，又会影响企业的发展。党的十七届五中全会和十八大明确提出要"提高居民收入在国民收入分配中的比重和劳动报酬在初次分配中的比重"，即"两个比重"。在国民收入分配中，财政收入的增长必须保持合理的速度，和经济发展保持同步，并适当向企业和个人倾斜，过重的税负不利于企业的发展、不利于企业做大做强。对这些结构性减税政策国家要继续实施，并加大"营改增"改革试点的步伐，推进经济转型升级，加快服务业的发展，减轻企业负担。除了税收负担外，还要清理政府的各种收费，不能一方面减税，另一方面又增费，使企业的负担依旧。要结合审批制度改革，减少行政性收费，减轻企业费的负担。当前，社会保险费负担重是不争的事实。国家应制定社会保险费最高收费标准，给地方一定的下浮空间，适当降低社会保险费的收费标准，减轻企业负担。

第四，加强政策咨询服务，为企业提供智力支持。市场经济条件下的政府是"服务型"政府，"小政府，大服务"是市场经济对政府的要求。精简机构、转变职能是政府机构改革的方向，结合政府机构改革和政府职能转换，要向市场放权，减少政府的审批，政府重点是要加强服务，财政也不例外，并且责任更重。因为财政和市场的关系密切，财政来自于企业上缴的税收，可以说企业是财政的"衣食父母"，财政更应加快转变工作作风，提升服务意识，急企业所急，想企业所想，主动为企业排忧解难。当前，财政要结合工作职责和服务范围，加强对企业的财务指导和政策培训，提高企业的财务管理水平和应对市场风险的能力。同时，要通过各种渠道加强和企业的联系，使企业能够及时知晓并享受政府出台的有关支持企业发展的优惠政策，以贯彻好、落实好政府的财政政策，及时发挥财政政策效应。

改善企业发展环境财政责无旁贷

企业是国民经济的基础，是社会就业的主渠道，是财政收入的主要来源。一方面，经济决定财政。财政收入主要来源于企业缴纳的税收，企业和财政的关系，犹如水和源的关系。企业的发展规模、发展速度、经济效益决定了财政的规范和财政收入的增长速度。没有企业的发展要增加财政收入可以说是举步维艰，或者只能竭泽而渔，这样的财政是不可持续的。另一方面，财政又反作用于经济。财政可以通过财政的政策手段，利用预算、税收、补贴等财政政策工具，来支持企业的发展，增强企业的市场竞争力，为企业发展创造宽松的外部环境。

当前，我国企业发展面临严峻的形势。从国际环境看，受世界金融危机的影响，尤其是欧洲债务危机的影响，我国经济面临严峻的市场考验，外需不振，产品的出口严重受阻，而我国的经济又是以外需拉动为主的经济，经济的对外依存度高，三驾马车之一的出口冲击了经济的发展。同时，我国的加工贸易又受到来自东南亚等新兴经济体的冲击，产品出口的市场竞争激烈，企业的压力大，发展空间受到限制。从国内环境看，由于国家宏观调控的持续，稳健货币政策下银根的收紧，企业发展普遍面临融资难、融资贵的问题，用地、用工等生产要素制约了企业的发展，企业发展的外部环境不容乐观。

在这种情况下，财政该不该支持企业的发展，为企业创造宽松的外部环境，政府部门和社会各界也有不同的声音。有人认为，在公共财政的条件下，财政的基本职能是为社会提供公共产品，满足社会公共需要。财政作用的基本原则是不与民争利，凡是市场作用到的地方或方面，就要发挥市场配置资源的基础性作用，财政要主动退出，实现资源的有效配置。企业作为市场主体，参与市场竞争是企业的本能，财政不能也不应该介入企业的市场活动，否则，就会本末倒置，影响市场的公平竞争。

这种说法，从表面上看有一定的道理，但经不起推敲，不符合市场经济的要求和公共财政职能需要。从调控市场经济发展的角度看，在社会主义市场经济条件下，市场不是万能的，也存在市场失灵和市场缺陷。大量企业资金链的断裂、倒闭破产，以及企业生存发展环境的恶化等市场现象，就是市场失灵的表现，这些现象的大量出现仅依靠企业自身的力量，往往力不从心或难以作为，需要政府的调控，通过财政、货币政策等进行调节，以实现市场的稳定和发展的有序。合理的财政调节是企业健康稳定有序发展的客观需要。从公共财政的角度看，公共财政要求财政向民生倾斜，公共财政的实质是民生财政，而政府的所有民生事业中，社会就业是重中之重。只有企业发展，社会的充分就业才能实现，财政的稳定才能有所保障，支持企业发展财政义不容辞。

无论从市场经济国家的发展情况看，还是从我国经济发展的实践看，通过财政政策支持企业发展，为企业发展创造宽松的外部环境，是财政的通行做法，公共财政并不等于财政不要或不能支持企业的发展，无非是支持的方式和作用的着力点要有所调整，要按照公共财政的要求支持企业发展，改善企业的发展环境。

第一，要发挥财政资金"四两拨千斤"作用。支持企业发展需要大量的资金，而财政资金是有限的。在公共财政的前提下，财政支持企业发展，只能用于一些公共投资，发挥财政资金"四两拨千斤"作用，体现政府政策的导向，来引导社会资本投资。一方面要加大基础设施的投入。按照产业集中发展的需要，如今全国各地普遍建立了各种类型的产业园区、创业园区等，以便使企业能享受政府提供的公共服务。财政要积极参与产业园区的通路、通电、通水、通气等基础设施建设，引导企业向产业园区积聚，实现产业的集中发展。另一方面要加大对公共服务平台的投入。要改变以往的项目支持，将支持的重点转为对公共服务平台建设，加快发展政策解读、技术推广、管理咨询、人才交流、业务培训和市场营销等重点信息服务，努力构建多层次、全方位的社会化服务网络，为企业发展提供服务和支撑。同时，要改变财政的支持方式。财政要从直接支持转为间接支持，主要通过财政贴息的方式，支持国家鼓励发展的行业和产业，引导和鼓励社会资本投资方向，推进企业转型升级。

第二，要密切财税政策与金融政策的配合。财政政策和货币政策是市场经济国家实行宏观调控的主要政策，但这两种政策的作用目标、作用手段是不一致的。如货币政策注重效率，偏重于"效率优先"，喜欢做"锦上添花"的事；财政政策注重公平，偏重于"公平优先"，乐意做"雪中送炭"的事。又如货币政策主要控制总量，调控货币供应量的"阀门"来平衡社会总需求；财政政策主要调控结构，重点支持基础设施建设，缓解"瓶颈"制约。这就需要政府加强对这两种政策的协调，两种政策运用得当，配合合理，会起到事半功倍的效果。当前，企业尤其是中小企业融资难是普遍现象，这影响了企业的发展，因此，财政政策要积极引导金融政策向中小企业倾斜。财政一方面要支持担保公司和再担保公司的建设。为缓解中小企业融资难的问题，各地建立了不少担保公司，虽然对中小企业融资起到一定的作用，但效果不明显，中小企业融资难的问题没有得到根本解决。问题的症结还是担保公司不愿对一些中小企业贷款提供担保。从有利于中小企业发展看，担保公司应该按行业组建，积极吸收民间资本参股，地方财政对新组建的担保公司给予鼓励和奖励。同时，应着眼金融风险的控制，组建再担保公司，为担保公司提供担保。地方财政要积极参与再担保公司的组建，给再担保公司注资，从而形成比较完整的担保体系。另一方面要给中小企业融资提供财政贴息。财政贴息也是财政间接支持经济发展的一种手段，在商业银行不愿意为中小企业提供贷款的情况下，通过财政贴息，可以引导商业银行资金向中小企业倾斜。由于财力有限，财政贴息不可能"天女散花"，只能对一些符合国家产业政策，有利于科技创新和节能减排的项目给予贴息，来引导企业转型升级。

第三，要继续实行轻税减费的政策。为应对金融危机，我国实行了积极的财政政策，扩大政府财政公共投资，启动结构性减税，并对政府的行政事业性收费进行清理，减轻了企业负担，为企业顺利"过冬"创造了条件。从当前经济运行的情况看，我国是有条件实行轻税减费政策的，应该继续轻税减费。一方面要继续推动结构性减税。由于我国的税权集中，全国实行统一的税收制度，地方没有税收立法权，税收政策应该通盘考虑，以体现税法的严肃性和政策的统一性。考虑到我国中小企业的赢利水平普遍较低而税收负担比较重的实际，我国应该继续启动结构性减税，加大对科技创新、节能减排的支持。另一方面要调低社会保险的费率。社会保险是市场经济的"稳定器"和"安全网"，在西方国家是通过社会保险税的形式筹资，是中央政府的职能。我国目前社会保险实行县级统筹，今后的趋势是要市级、省级，直至全国统一。考虑到社会保险费企业负担重的实际，应该继续调低社会保险的收费率。同时，继续清理行政事业性收费。提供公共服务是政府的基本职能，对行政事业性收费要进行清理，该取消的要取消。要加快中介机构和行政事业单位的脱钩，严禁行政事业单位借行政审批之机要求企业接受指定服务。要积极引进和培育中介组织，鼓励竞争，降低收费。通过轻税减费，减轻企业负担，为企业转型升级创造条件。

第四，要加强财税服务。"小政府，大市场"是市场经济的基本特征。在市场经济条件下，资源配置主体、起基础性作用的是市场，政府主要充当市场经济"守夜人"的角色，为市场经济的发展提供平等的市场秩序、公平的竞争环境和优质良好的服务，政府的职能要从管理型转为服务型。按照建立服务型政府的要求，财政、税务部门要转变理念，加强服务。分税制改革以来，我国的税务机构分为国税和地税机构，这虽有利于加强税收征管，但也给企业带来不便，增加了税务成本。财政、国税、地税部门要加强合作，为企业提供服务。一方面是政策服务。这几年不少地方地税部门建立了12366中心，为纳税人提供税收咨询服务，受到社会的欢迎，形成了一定的知名度。应借助12366这一平台，将政策咨询的范围扩大到财政、国税领域，使12366成为财政、国税、地税部门为社会服务的政策咨询平台，这样，企业遇到政策问题就有地方咨询。另一方面是办事服务。为社会和企业服务，财政有办事服务中心、国税有纳税服务中心、地税也有纳税服务中心，应将三个中心联合办公，"一条龙"服务，方便企业办事。此外，信息化服务也是不可或缺的。适应信息化社会发展的需要，财政、国税、地税部门要加快信息化步伐，积极推进金财、金税工程建设，在财政、国税、地税部门的网站上公开办事程序，能通过网上办理的涉财、涉税业务，尽量在网上办理，给企业提供便利。

助推民营经济转型发展是
夯实财源的重要保障

发展经济，培养财源，增加财政收入是财政工作的基础，是财政职能实现的保障。而相对于国有经济，主要由个体私营经济组成的民营经济是重要财源。改革开放以来，随着以公有制为主体、多种经济成分共同发展方针政策的实施，凭借体制机制的优势，民营经济在我国迅速发展壮大。民营经济是我国经济的重要组成部分，是一支不可或缺的经济力量，是吸纳社会就业、创造社会财富、增加财政收入、方便群众生活的重要渠道，在我国经济中已占据"半壁江山"。以民营企业为主体的中小企业缴纳的税收占我国税收收入的 50% 左右，我国75% 的城镇就业人口和 75% 以下的农村转移劳动力在中小企业就业。但是，深受全球性金融危机和欧债危机的影响，民营经济的发展遇到前所未有的困难，当前民营经济发展面临不少问题，表现在发展规模不大、竞争力不强、结构不合理等，影响了民营经济的发展和地方财源的稳固。

民营经济发展中出现的问题是发展中的问题，是民营经济发展到一定阶段的产物。要解决这些问题，必须加快民营经济转型升级，从粗放型转向集约型，从量的扩张转向质的提高，提高产品的科技含量，提高产品的市场竞争力，以做大做强民营经济，增强民营经济的竞争力和应对风险的能力。而积极发挥财税职能作用，为民营经济创造良好的发展环境，不仅有利于民营经济的转型升级，壮大民营经济实力，而且有利于财源的培养，是财税健康平稳持续的发展的必然选择。

第一，财税部门要统一思想，进一步增强对民营经济转型升级重要性和必要性的认识。在计划经济时代，政府支持经济主要通过行政手段，通过指令性性计划来推动经济发展。在市场经济的条件下，企业是独立的商品生产者和经营者，是独立的市场主体，具有法人资格。在这种条件下，政府支持经济发展只能通过经济手段，而财政政策是政府调控经济发展的主要手段。民营经济是我国经济的重要组成部分，是政府财政收入的重要来源，民营经济转型升级和财政存在内在的必然联系，财税部门一定要提高对民营经济转型升级的认识。一方面，财税政策能够推动民营经济转型升级。民营经济的发展主要靠改革开放的政策和体制机制灵活的优势。随着改革开放的深入，民营经济要再创辉煌，必须转型升级，从粗放型生产转向集约型生产，从量的扩张转向质的提高。但是，民营经济以中小企业为主，不少企业规模小，经济实力弱，对转型升级是"心有余而力不足"，虽有内在动力和外在压力，但缺乏实力和能力。而通过财政政策的引导，发挥财政资金的"四两拨千斤"作用，把财政的外力和民营企业的内力结合起来，有利于民营经济的转型升级。另一方面，民营经济转型升级有利于财政收入的稳定增长。民营经济是财政收入的重要来源，民营经济通过转型升级，提高了活力和竞争力，促进了民营经济的发展壮大，这样，财源的基础就稳固，财政收入就有保障。由此可见，民营经济转型升级和财政是相辅相成，互相促进的，虽然财政政策不是万能的，但是财税政策有潜力可挖，可以有作为。财税部门一定要提高对民营经济转型升级的认识，积极创造条件，帮助民营经济转型升级。

第二，建立公平、公开、公正的财税政策，为民营经济转型升级创造良好的外部环境。公平、公开、公正是市场经济的基本原则，是建立市场秩序的基本要求，也是市场经济对政府政策的要求，财税部门制定和执行政策必须体现公平、公开、公正的原则，为民营经济转型升级创造宽松的外部环境。经过改革开放30多年的发展，我国也建立了以公有制为主体，多种经济成分共同发展的所有制结构。无论是国有经济，还是民营经济，都是社会主义市场经济的重要组成部分，都不可或缺，但是，由于长期受计划经济的影响，人们对民营经济总是或多或少有片面的、错误的认识，政策上总是或多或少存在对民营经济的歧视。其实，对国有经济的优惠实质是对民营经济的歧视，同样，对民营经济的优惠也是对国有经济的歧视；反之，对民营经济的歧视实质是对国有经济的优惠，对国有经济的歧视实质是对民营经济的优惠。民营经济不追求特殊的优惠政策，不追求超国民待遇，但必须享受国民待遇。各级政府应该以贯彻《国务院关于鼓励和引导民间投资健康发展的若干意见》，即"非公经济新36条"为契机，统一财税政策。要取消对国有企业的价格补贴和亏损补贴。对一些长期由国有经济垄断的基础产业和基础设施领域、社会事业领域等，这些行业有些是高利行业，有些是微利行业，享受政府的财政补贴。民间资本进入这些行业，尤其是微利行业，应和国有资本一样，享受政府的财政补贴，政府的财政政策要一视同仁。

第三，要整合财力，明确支持重点和方向。要发挥好财政资金"四两拨千斤"作用，明确支持重点，体现政府的政策导向。要改变以往的项目支持，将支持的重点转为对公共服务平台建设，加快发展政策解读、技术推广、管理咨询、人才交流、业务培训和市场营销等重点信息服务，努力构建多层次、全方位的社会化服务网络，为民营经济发展提供服务和支撑。同时要整合财政专项资金。从加强管理和提高效益出发，必须对财政专项资金进行清理和整合，发挥组合效应。按照政府重点支持和鼓励发展的方向，保留和扩大支持科技创新、节能减排、现代服务业、先进制造业等方向的专项，实行重点支持。

第四，加大对人才引进和职业教育发展的支持力度，为民营经济转型升级提供智力支持。民营企业最缺乏的是人才，包括研发的科技人才和操作的技术人才。由于缺乏人才，许多民营企业难以引进现代技术，先进的设备无人操作，影响了民营企业的转型升级。要解决人才问题，必须要发展教育，加大对教育的投入。一是要加大对民营企业引进人才的扶持。我国一方面是民营企业缺乏人才，需要大量人才，另一方面是大量的大学生找不到工作，人才大量浪费。财政政策要鼓励大学生到民营企业工作，对民营企业引进的大学生给予奖励，以提高民营企业的技术水平和创新能力。二是要加大对职业教育的投入。民营经济的发展，主要依靠体制机制优势和廉价的劳动力资源。随着民营企业"用工难"问题的显现，要缓解"用工难"，必须发展职业教育，培养熟练的技术工人。各级政府要加大对职业教育的投入，大力发展职业教育。同时，要加大对农村劳动力的培训，这既能为农村劳动力转移创造条件，又能为民营企业培养技术工人。

第五，要落实好国家结构性减税政策，减轻民营企业的负担。为了推进经济发展，国家实施了结构性减税政策，各级财税部门也出台了不少政策，但不少企业对财税政策缺乏了解，这影响了财税政策的效果。为使民营经济能够充分享受到各种优惠的财税政策，财税部门应加大宣传力度。在地方政府网站、地方报纸上公开有关信息，在电视上进行宣传，并将政策汇编成册，免费赠送给所有企业。这不仅可以使所有的企业享受到减税政策，提高政策的执行效果，也可以引导企业转型升级，发挥政策的导向作用。

发挥财务杠杆功能是
夯实财政基础的需要

　　企业是经济的细胞，是国民经济的基础，是财政收入的主要来源。而财务是企业生产经营的重要组成部分，是政府财政的基础，也是财政作用企业的延伸。

　　"基础不牢，地动山摇"。企业的持续平稳健康发展直接关系到经济的稳定和社会的和谐，而企业财务管理水平的高低关系企业的发展，关系政府财政的稳定。近年来，由于受全球金融危机和欧债危机的影响，我国经济遇到前所未有的困难，不少企业市场需求急剧锐减，财务成本上升，经济效益下降。面对企业的困难，各级政府加大了对企业发展的扶持力度，我国的经济逐步企稳。从 2012 年前三季度的经济指标看，GDP同比增长 7.7%，其中一季度增长 8.1%、二季度增长 7.6%、三季度增长 7.4%，三季度比二季度只回落了 0.2 个百分点。尤其是反映经济景气度的制造业采购人经理指数 PMI 在 2012年 10 月份回到 50.2，环比上升 0.4 个百分点，重新回到临界点之上。在经济发展困难尤其是经济企稳回升的前提下，企业必须认清经济形势，立足自身，充分发挥好财务的杠杆作用，练好内功，挖掘发展潜力，为下一步发展创造条件。

　　第一，做好发展战略控制，明确企业的发展方向和发展重点。由于受发展环境和资源禀赋的影响，不同的企业发展方向和发展重点是有所不同的，但每个企业都有自身的比较优势和发展优势，有自己的主营业务，从而在市场竞争中获得生存和发展。近年来，由于房地产业的快速发展，不少企业偏离发展方向和发展优势，纷纷投身房地产业，一些企业和一些地方出现产业"空心化"和资本"虚拟化"，以至于国家的宏观调控使不少企业出现资金链断裂和发展困难。同时，我国经济又以中小企业为主，企业生产能力和发展实力比较薄弱，不少企业处于产业链的低端，产业雷同和产品雷同现象严重，市场竞争激烈，效益低下。这些都反复说明企业发展战略在企业发展中举足轻重、不可或缺，企业财务必须发挥好经济杠杆和决策参谋作用，参与企业发展定位的制定，明确企业的发展定位。企业必须坚持主业，发挥比较优势，扎扎实实，一步一个脚印，不能偏离实体经济的方向，过度涉及企业不熟悉或不擅长的行业和领域。要坚持发展实体经济，因为虚拟经济的发展是建立在实体经济的基础上，没有实体经济的根基，虚拟经济只是昙花一现。在此基础上，企业应把经济危机当作机遇，加快转型升级、加快技术进步，将发展重点向产业链的两端延伸，提高产业竞争力，为经济的回升求得更大更多的商机。

第二，加强风险控制，规避企业发展风险。市场经济下，风险无处不在，而经济危机加剧了经济风险爆发的可能性。改革开放以来，在国家政策的引导下，我国利用劳动力成本优势，大力发展民营经济和加工工业，经济保持了30多年的快速增长，成为世界第二大经济体，这使得我国不少企业对市场经济的经济风险估量不足，不少企业只注重量的扩张，而不注重质的提高，盲目发展、盲目投资，产业大而全，产品档次低，市场竞争优势不明显，而经济危机使这种经济发展模式的弊端和风险暴露无遗，有些企业出现了产品滞销，有些企业甚至被迫停产乃至破产。因此，对于市场经济的风险，企业必须要有清醒的认识，而且也只有企业对风险有更清晰的认识，才能积极承担起风险的控制。一方面，"现金为王"，企业应加强现金的控制，确保一定的现金流。只有保持稳定的现金流，在经济困难的情况下，企业的资金链才不会断裂，企业生产经营才不会受到大的影响和冲击；在经济回升的情况下，企业才能够率先投资，恢复和扩大生产，赢得市场、赢得商机。另一方面，需求决定生产，市场是企业生存和发展的基础，企业必须加强市场风险的控制，要加强对国内外经济形势的分析，巩固现有的市场，开发潜在的市场，要根据市场的需求发展生产，根据市场的需求开发新产品，生产适销的产品，以减少库存和资金占用。

第三，严格成本控制，提高企业经济效益。作为市场主体的企业，不同于政府，企业生产的目的是为了提高经济效益，实现资产价值的最大化。目前，我国企业的经济效益普遍比较低，不少企业的发展主要靠产品的产量、靠所谓的"薄利多销"，占有市场一席之地，大量企业缺少市场话语权和产品定价权。提高经济效益是企业发展的难点，也是企业发展必须要突破的难点。从经济效益的来源和经济效益是所得、所费的比例关系看，要提高企业的经济效益需从所得和所费两方面着手，企业除了要加快技术进步，提高产品的附加值外，更重要的是要严控成本，而控制成本是企业财务的本质和基本职能，企业财务在这方面应该而且要主动积极承担起应有的作用。企业要加强融资成本的控制。资金是企业的"血液"，企业的发展离不开融资，但融资是需要成本的。企业要尽量盘活现有的资金，挖掘内部资金的潜力，应尽量争取直接融资，减少融资成本。同时企业要控制用工成本，加强用工管理。用工成本上升是必然的趋势，也是国家调整收入分配结构，提高劳动报酬在初次分配结构中比例的要求，企业应该要适应。但企业要加强用工的管理，要保持用工的稳定，要强化灵活用工、错时用工，提高劳动效率，降低用工成本。此外，企业要千方百计压缩各种财务成本。要加强预算控制，从市场到销售的每个环节要有制度，要有控制费用预算的规定。要有奖惩制度，减少浪费和消除花钱大手大脚的弊病，形成人人节约、处处节约的生产氛围。

　　总之，信心比黄金重要。经济危机或经济困难对企业的发展是把"双刃剑"，既有挑战，也有机遇。企业必须提振发展信心，发挥好财务的参谋助手作用，在经济困难的时候看到希望，在经济危机的时候看到经济转机，把困难当作机遇，把挑战当作发展的契机，加强风险控制，加快经济转型升级，实现又好又快发展。

多渠道推进会计文化建设

　　文化属于精神的范畴，和物质是相辅相成、密不可分的，推动着物质的发展。党的十七届六中全会和党的十八大对文化的大发展大繁荣都提出具体的要求，把文化提到"民族的血脉"、"人民的精神家园"的高度。而会计作为古老的经济现象，从人类最早的"结绳记事"开始就产生了会计文化，也可以说会计文化是会计工作者的精神家园和精神追求，推动着会计事业的发展。随着我国经济社会的发展，会计在国民经济和社会发展中的地位日益凸显，会计队伍日益壮大，已成为一支重要的力量，并且每年都以加快的速度增长。加强会计文化建设，不仅是规范会计行为、发挥会计功能的需要，更是培养会计人才、推动会计事业发展的需要。

　　会计文化建设涉及政府和行政事业单位，涉及一、二、三次产业，涉及会计工作的方方面面，仅靠单方面的努力是难以取得实效的，推进会计文化建设需要多方面的推进、多渠道的努力。

　　首先，政府要积极支持会计文化建设。会计作为经济管理的基础，是政府财政税收工作的基础。会计工作涉及千家万户、各行各业，会计提供的数据信息关系到能否真实反映企业和单位发展水平及国家或地区经济数据的真实性。会计工作的地位和会计工作所具有的外部效应，要求加强会计文化建设，以规范行业行为，而财政部门作为会计业务主管和政策制定者，支持并推进会计文化建设是财政的职责所在。一方面是资金上给予适当支持。会计文化建设需要一定的投入，这些投入有些是企业和单位需要的，企业和单位愿意投资，有些是企业和单位不需要或不愿意，需要政府财政的投入。会计文化建设更多地依靠政府财政的投入，也只有政府更多的投入、更多的倡导，才能保持会计文化的方向，为经济建设和社会发展服务，因而财政要给予一定的保障。另一方面是政策上给予引导。会计文化建设既要挖掘我国古老的会计文化，对优良的会计文化传统要给予发扬光大，又要借鉴国际上通行的会计文化，使我国的会计文化和国际惯例接轨，并且要和社会主义市场经济相适应，为社会主义市场经济发展服务。作为会计业务管理的财政部门，对会计文化的发展必须给予引导，确保会计文化的科学性、合理性。同时要在组织上给予协调。会计文化涉及千千万万企业和单位，涉及各行各业各系统，要把会计文化贯穿到会计行业的方方面面，为政府的经济发展服务，这是个系统工程，需要行业主管的财政部门来协调。财政部门要主动承担起职责，发挥好组织协调的功能，为会计文化建设服务。

其次，行业协会要推动会计文化建设。作为从事会计管理、会计研究的各类行业组织和学术团体，如各级会计学会、注册会计师协会等，它们的共同特点是接触面广、联系面多、影响面宽，开展会计文化研究有得天独厚的优势。各类行业组织要发挥专长、挖掘优势，积极主动承担会计文化建设组织者的功能，把会计文化建设纳入行业工作计划，并作为工作的组成部分，走在会计文化建设的前沿。政府则给予必要的指导，确保会计文化建设的重点和方向。这样，政府可以从会计文化建设的具体事务中脱身出来，主要抓规划、抓方向、抓重点，引导会计文化建设，这对会计文化建设可以起到事半功倍的效果。

第三，高校要努力投身会计文化建设。会计作为管理学的重要组成部分，随着我国经济的快速发展和社会对会计人才需求的不断扩大，除了财经院校以外，高校开设会计专业已成为普遍现象，会计日益为高校所重视，高校已成为会计文化建设的重要力量。会计文化建设应该而且必须借助高校的科研和师资力量，为会计文化建设服务。高校一方面要加强会计文化的研究。从事会计文化研究是高校的专长，也是高校的优势。高校应该发挥人才优势和科研优势，积极投身会计文化研究，尤其是会计文化基础研究，以及会计文化和会计业务的结合，从而进一步发展会计文化，为会计文化研究出谋献策，贡献才智，扩大高校的影响。另一方面要加强会计文化的宣传。会计文化的普及离不开会计文化的宣传，而高校是会计文化宣传的重要阵地。高校通过会计文化的研究和教学，实质是会计文化的推广，潜移默化中起到了会计文化宣传的作用。同时要加强会计人才的培养。高校在会计人才的培养中，要增加文化的内容，拓宽会计文化的内涵和外延，从而为会计文化建设奠定基础。

第四，会计人员要主动参与会计文化建设。文化建设是个系统工程、大众工程，需要调动各方面的积极性，需要大家的参与和支持，会计文化也不例外，否则，会计文化的发展和繁荣无从谈起。会计作为古老而又新兴的行业，其文化源远流长，传统优秀的会计文化需要挖掘，新兴的会计文化需要创造，只有不断继承和发展会计文化，会计事业才能发展、会计文化才能繁荣。"众人拾柴火焰高"。群众的力量是无穷的，会计作为日益发展的行业，会计工作需要与时俱进，需要与国际接轨，需要融入新的技术和管理手段。任何孤立的、单个的部门和群体想承担起会计文化建设的重任，都是"心有余而力不足"的。只有调动广大会计工作者的积极性，发挥大家的聪明才智，共同投身会计文化建设，会计的作用才能不断发挥，会计的地位才会日益提高。

加快推进文化大发展大繁荣的财政作为

　　每当看到人们沉湎于好莱坞的影视文化、迪斯尼的休闲文化、麦当劳和肯德基的快餐文化，热衷于追求虚拟缥缈的网络文化、热情奔放的爵士文化、自由个性的牛仔文化等时，都使我想到我国的传统文化、儒家文化、民族文化，引起我对中华文化的深思，进而提升到我对发展中华文化紧迫感的认识。

　　文化是文明的标志，是历史的传承，是国家实力和影响力的显现，体现了国家的软实力。文化伴随人类的产生而产生，伴随人类的发展而发展，自从有了人类就产生了文化，世界各国无数的考古发掘都已证明了这一点。从人类历史发展的轨迹看，大国的兴盛、强国的崛起无不是先从农业大国，发展到工业大国，再到贸易大国、金融大国，直至文化大国，无不刻下文化的烙印。文化的发展和国家的实力和影响力基本是成正比的，是一个国家实力的体现，是国家综合实力和软实力的体现，因为文化的发展需要强大的经济作支撑，发展文化需要大量的投入。同时，文化也是生产力，是一个国家的软实力，属于无烟产业，能改善发展环境，促进创新和社会就业，创造大量的社会财富，增强国家或地区的竞争力。

　　我国作为世界文明古国，五千年的历史，灿烂的文化，为人类文明作出了重大的贡献。随着我国经济实力的增强和国际影响力的扩大，我们要进一步发扬中华文化，扩大中华文化的影响力，为人类文明作出更大的贡献，提高中华民族的归属感和认同感，丰富精神生活。党的十七届六中全会提出了建设社会主义文化强国的宏伟目标，文化建设迎来了大发展大繁荣的黄金期。

如何迎接文化春天的到来，这对政府财政来说，既是机遇，又是挑战，财政必须充分发挥职能作用，积极参与并投身文化建设，以推动并促进文化的大发展大繁荣。

第一，财政应该采取不同的扶持方式推进文化大发展大繁荣。文化是个宽泛的概念，涉及方方面面，既有公益性的公共文化，又有经营性的文化产业，也有文化体制改革的问题，还有文化人才的培养问题。同时，公益性的公共文化又有纯公益性的公共文化，也有准公益性的公共文化，等等。可以说，文化的内涵丰富，外延广泛。对政府财政来说，要区分文化的不同类型，要针对不同的文化采取不同扶持方式。对公益性的文化财政要给予扶持，对经营性的文化财政主要是给予引导，财政重点要支持公共文化建设的薄弱环节，尤其是农村地区、欠发达地区的公共文化发展，以体现政府的政策导向。

第二，财政应该采取不同的政策手段推进文化大发展大繁荣。文化建设内容繁多，推进文化建设，财政必须根据文化建设的轻重缓急，采取原则性和灵活性相结合的方式给予政策扶持。政策手段既可以通过预算的手段，也可以采用税收手段；扶持方式既可以财政直接投资，也可以采取财政贴息；政策运用上既可以财政直接投资，也可以通过基金的方式间接投资，等等。通过提高优化财政支出结构，提高财政公共文化支出标准和比例，扩大政府对文化建设的投资；通过税收政策的优惠，给文化产业和文化企业更多的税收减免和税收优惠，做大文化产业和文化企业，提高文化产业和文化企业的竞争力。

第三，财政应该采取不同的管理办法推进文化大发展大繁荣。根据国家促进文化大发展大繁荣的要求，"十二五"期间是我国文化建设大投入的重要时期，需要大量的资金投入，这对各级财政来说都是严峻的挑战。财政不可能全包，也无力全包，财政必须是"有所为，有所不为"，主要是要发挥财政资金"四两拨千斤"的作用，引导民间资本投资文化建设，为民间资金投资文化建设创造宽松的政策环境，实现文化建设投资的多元化。

调整居民收入分配结构的
财政路径选择

　　面对居民收入分配结构的不合理，居民收入差距不断扩大的趋势，党的十七届五中全会提出，要提高居民收入占国民收入的比重和劳动报酬在初次分配中的比重，即提高"两个比重"。这是改善居民生活，实现社会长治久安和确保全民共享改革开放成果的需要。而财政的基本职能就是对国民收入进行分配和再分配，为社会提供公共产品，满足社会公共需要。收入分配是财政的基本职能，调整居民收入分配结构同样是财政的重要职能，这样，政府调整居民收入分配结构的重任自然而然落到财政的身上，突破口自然而然地要从财政政策上寻找。

　　调整居民收入分配结构的财政政策手段主要有预算、补贴、税收等。任何政策都有两面性，有些政策从理论上看是完美无缺、无懈可击，实际执行的结果可能适得其反、事倍功半。制定和出台财政政策必须考虑到政策产生的两面性，要选准着力点，把握好方向，趋利避害，发挥好政策的最佳效应。

　　第一，调整居民收入分配结构既要政府参与，又要市场调节，重在政府参与。生产、交换、分配和消费构成了经济的一个整体，而分配又是生产过程的重要组成部分。在社会主义市场经济条件下，劳动、资本、土地、科技等作为生产的基本要素，按照各自在生产过程的作用和贡献大小，获取相应的报酬。市场经济在市场机制的作用下，具有内在的功能来调节收入分配关系，以确保市场经济正常的运转，而人为地违背市场经济的规则，必然会受到市场的惩罚。这几年沿海地区出现的"招工难"就是生动的写照。沿海发达地区，如"珠三角"、"长三角"等地区出现的"招工难"，一方面是由于国家"西

財政政策求实效

157

部大开发"、"东北振兴"、"中部崛起"等区域发展战略的实施，我国中西部地区经济的迅速发展，留住了本地的劳动力，不少人不需要外出"打工谋生计"，可以在家门口就业；另一方面，这些地区劳动力工资长期偏低，不少地区工资长年没有调整，劳动力的价格没有反映劳动力价值，"招工难"是市场机制内在调节的自然反映。要解决这些地区的"招工难"问题，除了加快产业转型升级，减少对劳动力的需求外，重在提高工资标准，提高劳动报酬在国民收入初次分配中的比重。但是，市场不是万能的，市场机制有自身的缺陷。20世纪二三十年代西方国家的大危机更是表明，市场经济不能拯救"资本主义"，而是"凯恩斯主义"，政府干预市场的社会福利制度拯救了"资本主义"。在收入分配调节上，尤其需要发挥政府的调节作用，把市场"无形的手"和政府"有形的手"结合起来。这几年地方政府纷纷调高最低工资标准，推广企业工资的集体协商制度，出台政策治理企业"欠薪"等办法来调整收入分配结构，尤其是从2008年起推行新的《劳动合同法》，更是从法律的高度来规范和确保劳动者的合法权利，这些都是政府参与收入分配结构调整的有力举措。

调整居民收入分配结构既要发挥市场机制的调节作用，又要发挥政府的调节作用，孰重孰轻，要因地制宜，根据需要作相应的调整。改革开放以来，我国在收入分配上，一直强调"效率优先，兼顾公平"，鼓励一部分地区、一部分人先富起来，注重市场自身的调节作用。政策导向的结果确实有利于发挥劳动力低成本竞争优势，推动了我国经济的快速发展，但也导致收入差距的不断扩大，财富的过度集中，这越来越不利于社会分配的公平，也不利于内需的扩大，这种发展是不可持续的。当前，在调节居民收入分配结构上，我国更应该重视政府的参与，发挥政府的调节作用。按照"十二五"规划提出的提高"两个比重"要求，发挥政府财政的职能作用，积极主动地参与居民收入分配结构的调整。一方面，政府可以通过财政的转移支付，将财力重点向经济欠发达地区或贫困地区倾斜，以改变区域发展的不平衡，增强经济欠发达地区或贫困地区的发展能力；另一方面，政府可以通过财政税收政策，对困难家庭和贫困人口给予更多财政资金的补助，在就业和创业上给予更多的税收优惠，从而实现区域的协调发展和贫富差距的逐步缩小，把社会从贫富差距扩大的"哑铃形"形态到以中产阶级为主的"橄榄形"形态。

第二，调整居民收入分配结构既要重视国民收入的初次分配，又要重视国民收入的再次分配，重在国民收入的再次分配。居民收入分配既是市场行

财政热点

面对面

为，又是政府行为，这其中又以市场为主，政府不能越俎代庖；而调整居民收入分配结构，政府的作用又举足轻重，是弥补市场缺陷，发挥政府职能的所在。政府调整居民收入分配结构，主要体现在国民收入的初次分配和再次分配两个环节。国民收入的初次分配就是在国民收入"蛋糕"既定的前提下，如何处理好国家、集体和个人的分配关系，实质是如何处理好积累和消费的关系。这个关系处理的好坏直接关系到居民收入分配结构的调整。改革开放以来，随着国家减税让利和简政放权的推行，国民收入开始向个人倾斜，政府的财政收入占 GDP 的比重一度降到 11.7% 的最低点，直接影响了国家财政的调控能力。从 1994 年分税制财政体制改革以来，国家明确提出要提高财政收入占 GDP 的比重。经过十多年分税制的改革，国民收入的分配结构有了明显的调整，财政收入占 GDP 的比重已超过 20%，如果加上政府的各种基金收入和非税收入，国民收入中政府财力集中度更高，已影响到国民收入分配和居民收入分配结构的调整，社会上要求国民收入分配向个人倾斜以改善居民收入分配结构的呼声颇高。可见，国民收入分配的初次环节，既不能过多的向个人倾斜，影响国家的宏观调控能力，又不能过多地向国家集中，影响社会的消费和居民收入分配结构的调整。国民收入的再次分配就是在国民收入初次分配的基础上，通过政府财政对国民收入的重新分配，以调节国民收入分配的结构，确保政府职能的实现。在计划经济时期，我国实行的是统收统支的财政体制，财政支出主要用于经济建设，财政属于"建设财政"，财政的再次分配对居民收入调整的作用力度有限。改革开放以来，随着国家财权的下放，国家财政集中度的下降，财政的职能受到削弱，国家财政基本上属于"吃饭财政"，国家财政再次分配对居民收入分配结构的调整力度有限。分税制改革以来，尤其是党的十六大以来，按照统筹城乡经济社会发展的要求，我国财政转向公共财政，财政加大了对教育科技、医疗卫生、社会保障等公共服务的投入，开始向民生倾斜。无论是中央财政，还是地方财政，60% 以上、不少地方甚至 70% 以上的财政支出用于改善民生，财政成为名副其实的"民生财政"，财政对居民收入分配结构调整能力和力度大大增强。在西方发达国家，建立了"高税收、高福利"的社会制度，主要是发挥了财政对国民收入再次分配的调节作用，以实现居民收入分配结构的合理和社会的稳定发展。

从对居民收入分配结构调整的立足点出发，国民收入初次分配固然重要，国家可以通过提高最低工资标准等来对居民收入分配结构进行调整，但初次分配更多的是市场行为，应坚持"效率和公平兼顾"，国家既不能不干预，又不能过多的干预，否则，就会违背市场经济的分配原则，在国民收入初次分配环节，国家对居民收入分配结构调整的力度有限。国家应把对居民收入分配结构调整的重点放在国民收入的再次分配环节。有一种观点认为，在国民收入中企业和居民的税收负担太重了，政府集中太多了。企业和居民的税收负担是否太重了，我们姑且不论，但就居民收入分配结构调整来说，国民收入向政府集中有利于居民收入分配结构的调整，因为在北欧等高福利国家，企业和居民的税收负担远远高于我国，问题的关键是政府集中的国民收入如何使用。与西方发达国家相比，我国居民的社会福利不仅水平低，而且覆盖面窄。因此，在国民收入再分配环节，国家要加大对民生的投入，尤其是对低收入家庭和低收入人群的扶持，增加低收入家庭和低收入人群的收入，解决低收入家庭和低收入人群的上学难、就业难、就医难、住房难、养老难等社会问题，以缓解社会分配的不公问题。

第三，调整居民收入分配结构既要保低，又要限高，重在保低。居民收入分配结构不合理主要表现在居民收入差距的过大，而居民收入差距过大不仅是个经济问题，也是个政治问题，严重了会导致政局的不稳和社会的动荡。2011 年以来，北非、西亚的一些阿拉伯国家发生的社会变革中，社会分配不公、贫富差距过大是个重要原因。美国发生的"占领华尔街运动"，也是因为贫富差距过大，穷人要求改变社会分配现状所发出的呐喊。要调整居民收入分配结构，缓解社会分配不公，目标是既要保低，又要限高。保低主要是保障低收入者的收入，维护社会弱者的利益。国家采取的政策措施主要有提高最低工资标准，增加低收入者的社会保障等。2010 年以来，我国不少地方政府纷纷调高最低工资标准，从 2010 年 7 月 1 日起，北京、河南、深圳、陕西、安徽、海南等多个省市同时提高最低工资标准，平均增幅都在 20% 以上，其中浙江省把最低工资标准提高到每月 1 310 元、深圳市提高到每月 1 320 元。限高主要是控制高收入者的收入，国家限制垄断行业高管的收入标准，从 2008 年就开始要求年收入 12 万元以上的高收入个人自行申报纳税，以增加高收入者的税收，让高收入者承担更多的社会义务和责任，这些都是限高的举措。

调整居民收入分配结构方向主要是调整两头，即调高的，抬低的，增加中间的，以实现社会和谐和稳定。收入差距的过大会引起社会的不稳和公众的不满，但财富的积累又是创造社会财富、提高效率的需要。财富的平均虽然有利于社会的稳定，但不利于社会财富的创造，我国有这方面的教训。邓小平同志所说的"贫穷不是社会主义"就是这个道理。社会主义不等于贫

财政热点 面对面

穷，我国经过改革开放 30 多年的发展，已改变了贫穷落后的面貌，但我国仍然是世界上最大的发展中国家，人口多，底子薄，地区发展不平衡是我国的基本国情，发展仍然是我国当前和今后相当一个时期的第一要务。调整居民收入分配结构要限高，提高高收入者的税收负担，但调整的重点要放在抬低上，即增加低收入者的收入，以缓解社会分配不公和贫富差距的扩大。我国可以采用许多政策增加低收入者的收入。我国虽然不少地方的最低工资标准有了提高，但最低工资标准仍然偏低。根据国际上最低工资衡量标准，主要采用最低工资占人均 GDP 的比例，标准约为 60%，目前我国不少地区低于这个标准，调整的空间还很大。各级地方政府应根据经济的发展水平，不断提高最低工资标准，增加劳动报酬占 GDP 的比例。同时，对因价格因素造成的低收入者，主要是从事农业生产的农民，国家应不断提高农产品的价格，使农产品的价格反映价值，缓解农产品价格的"剪刀差"，以改变农业增收不增效、农民增产不增收的局面。

第四，调整居民收入分配结构既要减税，又要增税，重在减税。税收是调整居民收入分配结构的重要经济手段，在各种调整居民收入分配结构的手段中举足轻重，有其他手段不可替代的作用，有时甚至可以起到立竿见影的效果。一般来说，用税收手段调整居民收入分配结构，要么增加税收，要么减少税收。增加税收主要是对高收入者增加税收，因为高收入者积累的财富多，负担税收的能力强，是国家税收的主要负担者。高收入者也非常清楚由社会财富分配差距过大而引起的社会不稳影响最大的是高收入者。对高收入者增加税收，一方面，要对高收入者当年的收入增税，国家可以提高个人所得税，采用累进税率，收入越高税率越高。如我国 2011 年 9 月 1 日执行的新的个人所得税就体现了这种精神。同时，国家要加强对高收入者的税收征管，防止高收入者偷税和漏税，我国在个人所得税征收中就明确要求年收入超过 12 万元的高收入者要主动申报纳税，就是国家对高收入者加强税收征管的体现。另一方面，要对高收入者的财产收入增税，国家可以开征房产税，对高收入者拥有的房产征税；国家也可以开征资本利得税，对高收入者的投资收益征税。同时，对高收入者的遗产或财产转移征收遗产税或赠与税。减少税收主要是对低收入者减税，甚至免税。因为低收入者纳税能力弱，国家对低收入者征税的税收成本也高。对低收入者减税一方面是对低收入者的工资薪金收入减税，主要是降低低收入者的个人所得税。我国新的个人所得税把免征额从月收入 2 000 元提高到 3 500 元，可以使我国 6 000 万低收入者免税，税收的政策性效应非常明显。另一方面是对低收入者的就业和创业减税，给那些吸收劳动力就业多的、分布广的个体工商户和小微企业更多的税收优惠，使更多的低收入者受益。

国家运用税收手段调整居民收入分配结构，向高收入者增税固然重要，但向低收入者减税更为重要。经过改革开放30多年的积累，我国2010年的财政收入已超过8万亿元，2011年突破10万亿元，已成为世界第二财政收入大国，税收收入已连续多年以20%以上的速度增长，已大大超过GDP的增速，国家具备减税的财力条件。同时，社会上对国家减税的呼声也比较高，中小企业的税收负担比较重，不少企业遇到了经营困难。在这种情况下，国家更应把调节居民收入分配结构的重点放在减税上。国家一方面要积极贯彻新的个人所得税法，让更多人享受到税收的优惠，同时，国家也要不断完善个人所得税法，比如采取美国的做法，以家庭为单位申报缴纳个人所得税，使个人所得税负担更合理。另一方面，国家要鼓励就业和创业，对个体工商户和小微企业采取更低的税收，提高个体工商户和小微企业的增值税或营业税的免征额，以促进创业和就业。

第五，调整居民收入分配结构既要重视居民收入分配的公平，又要重视机会的均等，重在机会的均等。

公平、公正、公开是市场经济的基本原则，公平分配国民收入、实现居民收入结构的合理是公共财政对居民收入分配结构调节的作用所在。但公平不等于平均主义，平均主义藐视公平，实质是最大的不公平，因为这种公平是以牺牲效率为代价的，其结果是"干多干少一个样，干好干坏一个样"。同样，一味地强调效率也是不公平的，因为效率是建立在公平基础上的，否则效率是不可持续的。公平和效率是一对永恒的矛盾，需要把市场"无形的手"和政府"有形的手"很好地结合起来进行调节。而机会均等也是一种公平，是公平的高级形式，它避免了出身、门第、等级等方面的限制，主要凭借能力和机会，这就为居民的劳动提供了奋斗的方向，避免了贫困的代际传承，有利于社会的稳定和和谐。从历史的长河看，在四大文明古国中我国之所以能保持封建社会的长期性和相对稳定性，就跟封建"科举制度"有一定的必然联系。因为科举的"机会均等性"，使得社会知识分子和年轻人有奋斗目标，有"朝为田舍郎，暮登天子堂"的可能性。新中国成立以来，我国由于过度强调公平，结果造成分配的平均主义，导致全社会的贫困。改革开放就是从打破分配的平均主义和"铁饭碗"入手，以解放生产力，提高生产效率和经济效益。在此基础上，国家重视居民收入分配的公平。公共财政改革目标确立以来，公共财政通过加大向农村倾斜，建立农村社会保障制度，为农村困难学生提供免费教育，扩大农村道路、水利等基础设施的投入，把农村纳入公共财政的供给范围，逐步实现城乡基本公共服务的均等化。公共财政通过向中西部倾斜，加大对中西部地区财政的转移支付，增强中西部地区的自我发展能力，以实现区域之间基本公共服务均等化。同时，国家也出台政策，重视分配上的机会均等，国家逐步打破城乡割裂的"二元经济"结构，鼓励农村富余劳动力向城市转移、向非农村就业转移，政府对农村劳动力免费进行素质培训，以增强农村劳动力的劳动能力和就业技能，增加农民的收入，在不少农村地区，非农收入已成为农民收入的主要来源。有些地方对进城务工农民子女的入学，也给予同等的待遇，使农村学生也能享受城市的教育资源，以实现城乡机会的均等。

建立公平的分配制度是居民收入分配结构调整的目标，但公平的收入分配是有限度的，不能以牺牲效率为前提，否则，公平是不能实现的。相对于公平，机会均等对居民收入分配结构调整尤为迫切，问题也更为严重。据有关重点高等院校的调查，2000年至今，考上北大的农村子弟只占一成左右，清华大学农村生源占总人数的比例只有17%。在地方的全国重点高校情况也不乐观，农村孩子比例在浙江大学大概也仅占三成左右。造成高校农村学生比例偏低的原因是多方面的，深层次的原因是教育资源分配的不均衡，农村虽然实现了义务教育，但教育条件、教师的素质远不及城市，导致农村教育水平低，农村学生难以考上重点大学。如果任由这种局面发展，其结果是"农村孩子进不了重点大学，找不到好工作，不愿意读书"，必然导致"新的读书无用论"，进而导致"穷者愈穷"、"弱者更弱"的马太效应。因此，国家应以调整居民收入分配的机会均等为己任，以基本公共服务均等化为目标，公共财政加大向农村、向欠发达地区倾斜，对农村的教育、医疗、社会保障等公共服务，国家可以采取城乡一体化的政策，以"工业反哺农业、城市带动农村"来带动农村和欠发达地区的发展。通过政策的倾斜，缩小城乡、区域之间公共服务的差距，为农村、欠发达地区提供均等的机会。

第六，调整居民收入分配结构既要完善现有的制度，又要重视制度的顶层设计，重在制度的顶层设计。

调整居民收入分配结构需要有制度为保障，没有制度保障的居民收入分配结构调整不可持续。我国从中央到地方各级政府对居民收入分配结构调整的制度建设十分重视，经过改革开放30多年的发展，我国不仅成功实现了计划经济向社会主义市场经济转型的制度转轨，调整居民收入分配结构的制度也从无到有、从少到多，逐步形成了较为完善的制度体系，如养老保险制度，我国先是建立了城镇职工养老保险制度，随着城市化的推进，许多郊区的农民失去土地和生存的物质基础，国家又推出失地农民的养老保险制度。近年来，国家随着政府财力的增长，又推出农村居民养老保险和城镇居民养老保险。但是，我国的收入分配制度在很多方面是碎片化的，缺乏顶层设计，仅养老保险国家就有城镇职工、失地农民、农村居民、城镇居民等多种类型，而行政事业单位的干部职工养老保险至今尚未破题。同样，医疗保险、最低生活保障等等也是按照身份的不同分成多种多样，缺少长远设计、长远规划的制度安排，更多的是"头痛医头，脚痛医脚"，急功近利和实用主义，其中的弊端是显而易见的。一方面，制度的制定和管理部门交叉，相互难以协调；另一方面，制度漏洞百出，出现"开宝马领低保"、"廉租房变成了高档房"等现象，使调整居民收入分配结构的制度效应大打折扣，甚至是制度形同虚设，难以执行或发挥作用。

调整居民收入分配结构，既要完善现有已出台的制度，更要重视制度的顶层设计，因为制度设计和建立需要成本，制度的转轨同样也需要成本，甚至难度和阻力更大，这其中涉及到利益的调整。当前，我国一方面要对现有的制度进行完善，严格制度的执行，堵塞制度的漏洞，更重要的是要对制度进行顶层设计，缺少顶层规划的制度是不可持续的。如果不及早进行调整，未来制度调整的成本更大。有了改革开放30多年的基础和积累，我国已经有能力和有条件，站在市场经济的高度，充分吸收市场经济和发达国家的经验并结合我国社会主义初级阶段的基本国情，在现有的居民收入分配制度基础上，对调整居民收入分配结构的制度进行顶层设计，规范居民收入分配秩序。如养老保险制度，国家不应人为划分企业的性质和居民的身份，应建立统一的居民养老保险制度，统一缴纳比例和支付标准，而企业可以根据企业的效益为职工建立补充养老保险；至于行政事业单位的公务人员，政府也可以为其建立补充养老保险。同样，其他的调整居民收入分配的制度也可以以此类推，从而确保制度的规范和制度的统一。

财政改革寻突破

　　没有改革，就没有创新。财政从"分灶吃饭"起步，推行了分税制财政体制，理顺了中央和地方的财政分配关系；推行了财政预算编制、执行、监督相分离的预算管理制度，加强了财政资金的监管，提高了财政资金的使用效益，如此等等，逐步建立了适应市场经济发展的公共财政体制和运行机制。未来财政改革如何深化，改革必须做好顶层设计，顶层设计是财政改革的方向，没有顶层设计，财政改革就会偏离方向。同时，财政改革也要做好底层设计，没有底层设计，财政改革容易犯教条主义的错误，导致改革不符合我国的国情和地方尤其是基层的实际，难以推进。

　　躲不开，绕不过。面对财政改革过程中的新情况、新问题，按照公共财政的改革目标，明确改革思路，财政没有迈不过的坎。

深化公共财政改革重在
顶层设计

邓小平同志指出，不改革就没有出路，不改革只能是死路一条。作为经济体制改革重要组成部分的公共财政改革，从1980年的财政"分灶吃饭"，到1994年的分税制财政体制改革，再到1998年公共财政改革目标的确立，至今公共财政改革已有30多年。30多年的公共财政改革，建立了以流转税和所得税为主体的税收制度，明确了国家和企业的分配关系；实行了分税制财政体制，明确了中央和地方政府之间的财政分配关系；推行了预算编制、执行、监督相分离的公共预算制度，等等。这些公共财政改革为社会主义市场经济体制的改革和发展奠定了雄厚的物质基础，基本适应了社会主义市场经济的发展需要。

改革是前无古人的伟业，老问题解决了，新问题又不断产生，公共财政改革亦然。我国公共财政改革虽然取得了显著的成绩，明确了公共财政的改革方向，但是公共财政的供给范畴始终不清，即使公共财政收入每年大大高于GDP的增长速度，也始终满足不了公共财政支出的需要，公共财政简直就像"消防员"，社会需要公共财政就跟进，公共财政始终疲于应付，以至于社会上说"公共财政是个筐，什么都可以往里装"，公共财政的边界始终不清。同样，我国的公共财政制度设计，也处于碎片化的状态，人为地按城乡、地区的不同分成各种各样的类型，既有城市的公共政策，又有农村的公共政策；既有发达地区的公共政策，又有欠发达地区的公共政策，等等。当然，有些公共财政政策是制度转轨时期的无奈选择，但"长痛不如短痛"，公共财政制度的出台需要成本，公共财政制度的并轨更需要成本。公共财政政策的不统一，人为造成社会矛盾，也影响经济社会的稳定发展。

改革需要总结，改革也需要反思，只有这样，改革才能不断深化，改革才能不断取得成效。未来公共财政改革如何推进？30多年公共财政改革，为我们提供了基础和条件。我们必须以30多年的公共财政改革为基础，既要及时总结成功的经验，也要反思存在的困难，明确未来的公共财政的方向。而不再是采用"头痛医头，脚痛医脚"的短期行为，使财政始终处于疲于应付的状态，深化公共财政改革必须进行顶层设计。

第一，必须始终坚持公共财政的改革方向。社会主义市场经济条件下的财政是公共财政，财政主要是为社会提供公共服务，满足社会公共需要。满足社会公共需要是公共财政的基本职能，公共财政的方向必须始终坚持。为社会提供公共服务，公共财政既不能"缺位"，又不能"越位"，更不能"错位"，必须"有所为，有所不为"；既不能"与民争利"，又不能统包统揽。对市场能够作用得到的地方或方面，财政必须发挥市场在资源配置中的基础性作用；对市场作用不到而又是经济社会发展所必需的方面，财政必须积极介入，承担起政府公共财政应有的职能作用。

第二，必须按照"基本公共服务均等化"的要求提供公共服务。公共财政提供公共服务必须和国情相适应，否则，公共服务既不能保障，也难以实现。我国社会主义初级阶段的基本国情是"人口多，底子薄，地区发展不平衡"，在这种条件下，公共财政提供的公共服务只能是基本服务，主要为社会提供义务教育、公共卫生、社会保障、环境保护、公共安全等基本公共服务。因为国家的公共财力是有限的，而社会对公共财政的需求是无限的，许多公共支出是"刚性"的，可上不可下，国家只能提供基本的公共服务，并且提供的基本公共服务应该是均等的，不能因为地区或身份的不同而人为的划分地区或身份的等级标准。当然，随着国家公共财政实力的增长，国家可以逐步提高基本公共服务的水平，以满足人民群众日益增长的物质文化和精神生活需求。

第三，必须按照"城乡一体化"的要求设计公共财政制度。在传统的计划经济时代，财政作用或保障的范围主要在城市，国家财政主要是城市财政。公共财政改革，逐步突破了财政的界限，财政开始向农村覆盖，逐步把农村纳入公共财政的保障范围。公共财政实质也是城乡财政，否则，就不是公共财政或者说是不成熟的公共财政。深化公共财政改革，必须要按照统筹城乡经济社会发展的要求，按照"城乡一体化"的发展目标设计公共财政制度。一方面，要对现有城乡有别的制度进行改革，将目前城乡有别的社会保障、医疗卫生等公共财政制度进行并轨，建立城乡统一的公共财政制度；另一方面，未来制定或将要出台的公共财政制度，不再根据城乡居民身份的不同而采用不同的政策，必须统一城乡公共财政政策，使城乡居民享受统一的公共服务。

第四，必须按照"区域均衡发展"的要求制定公共政策。由于历史、地理、自然和资源禀赋的不同，区域发展不均衡是客观存在的事实。区域均衡发展是市场作用不到的方面，必须要发挥公共财政的调控作用，否则，区域之间的差距会愈来愈大。政府制定公共政策必须考虑地区发展不平衡的客观事实，对经济社会发展落后的地区，包括老少边穷地区、生态源头地区等，国家应给予更多的财政优惠政策，上级财政尤其是中央财政应更多地给予财政转移支付，使落后的地区也能享受和发达地区大体均等的公共服务，以实现区域之间经济社会的均衡发展。

按"十八大"要求不断深化
财政改革

没有改革，就没有创新；没有创新，就没有发展。改革、创新和发展之间存在内在的联系，相辅相成、互相促进。而财政是政府实现职能的物质基础，是发展和改善民生、推进社会公共事业发展的有力支撑和保障，财政改革亦然。财政改革的不断深入，推动了财政的不断创新，促进了财政的不断发展。

党的十六大以来，按照社会主义市场经济条件下公共财政发展的要求和统筹城乡经济社会发展的需要，我国加快了财政改革力度，逐步建立了符合社会主义市场经济发展要求的公共财政体制框架。在财政体制方面，建立和健全了分税制财政体制，规范了中央和地方财政的分配关系，增强了财政的调控能力；在公共预算管理方面，全面推行了财政预算编制、执行、监督相分离的公共预算改革，建立了以财政国库集中收付制度、政府采购制度等为主要内容的公共财政管理制度；在财政支出管理方面，逐步调整了财政支出结构，财政支出转向以教育科技、医疗卫生、社会保障、公共安全、环境保护为重点的民生领域倾斜，财政支出结构不断得到优化；在财政的保障范围方面，公共财政加快了向农村覆盖，新农村建设全面推进，农村的交通道路等基础设施得到了改善，农村的教育、医疗、社会保障等公共事业得到了提高，城乡一体化得到了发展。通过一系列改革，公共财政的职能得到了强化，公共财政在国民经济和社会发展中的地位得到了巩固和提高。

当前，财政改革和发展面临新的形势和新的任务。随着国民收入分配结构调整改革的推进，国家将不断提高居民收入在国民收入分配中的比例和劳动报酬在国民收入初次分配中的比例，财政收入超国民收入高速增长难以为继，财政将回归到常态，只能维持一定合理的增长水平。同时，随着城乡一体化和基本公共服务均等化的发展，民生保障的范围将不断扩大，保障水平和标准将不断提高，民生事业的发展对财政的要求将不断提高，财政将面临越来越多的支出压力，财政发展面临严峻的挑战。

在全面建成小康社会的过程中，关于未来财政如何改革和发展，党的十八大提出，要"加快改革财税体制，健全中央和地方财力与事权相匹配的体制，完善促进基本公共服务均等化和主体功能区建设的公共财政体系，构建地方税体系，形成有利于结构优化、社会公平的税收制度。"这为财政改革和发展指明了方向。财政必须按照党的十八大提出的要求，稳步推进财政改革，促进财政持续、健康发展，不断开创财政工作新局面，为全面建成小康社会提供财力支撑、政策支持、制度保障。

第一，深化财政体制改革，确保财力和事权相适应。一级政府、一级财政、一级事权。事权是财权的基础，财权是事权的保障，财力和事权相适应是衡量财政体制合理与否的有效办法。当前，在分税制财政体制实施过程中，最大的问题是事权和财权不匹配问题，财力过于向上集中，地方财政尤其是基层财政比较困难。按照事权和财力相适应原则，深化中央和地方财政体制改革，要充分考虑区域均衡发展和主体功能规划的要求，树立绿色 GDP 的理念，把人均财力、生态保护等因素作为完善财政转移支付制度的重要指标，增加对经济欠发达地区尤其是生态屏障地区的财力转移支付。同时，财政体制改革要考虑基层财政困难的实际，财力要适当向基层财政尤其是县乡财政倾斜，使基层财政有能力提供基本的公共服务，以化解地方的债务风险，并避免基层财政过度依赖"土地财政"和发展不可持续的局面。

第二，优化财政支出结构，保障民生事业发展。公共财政的本质特征是提供公共产品，满足社会公共需要。民生是财政的根本，公共财政的实质是民生财政。由于我国国情的基本特点是人口多、底子薄、地区发展不平衡，公共财政在民生保障方面还存在很多欠账，政府民生的供给和社会的需求、百姓的需要还有很大的差距。在财力有限而民生事业需求不断扩大的前提下，要保障财政的民生支出，办法和手段只能是在财政支出上下功夫，在财政支出结构调整上想办法。在财政预算盘子既定的前提下，对财政支出要严格控制、严格把关，防止财政支出上"大手大脚"，把有限的资金真正用在

"刀刃"上。同时，对有些支出要严格控制。当前要重点控制政府的行政支出，严格压缩"三公"经费，挤出资金保民生事业。

第三，统一财政政策，实现城乡一体化发展。随着财政改革的推进，我国公共财政覆盖和管辖的范围和内容不断扩大，我国与民生相关的公共政策虽然基本建立，但由于受财力的限制，城乡之间政策是不统一的、标准也是不统一的，在某种程度上可以说存在制度"碎片化"，人为造成不平等。要推进城市化、实现现代化，政府提供的基本公共服务应该而且必须统一，否则，人口城市化、城乡一体化难以实现。政府的公共制度建立需要成本，同样，公共制度的归并也需要成本，并且可能会遇到更大的阻力，造成不必要的浪费。为此，应按照基本公共服务均等化和城乡一体化的要求，城乡之间公共制度要一体化，公共政策要逐步统一。政府财政要统筹财力、科学合理安排，推进城乡公共服务制度和政策的并轨，使城乡居民共享改革和发展成果。

第四，改进政府采购管理办法，发挥政策调控功能。政府采购不仅是国家财政管理制度，更是国家调控经济社会发展的政策工具。随着政府采购规范的扩大和政府采购市场的开放，加强政府采购管理，发挥政府采购的政策目标显得尤为重要。由于中小企业是我国经济的主体，是我国就业的主渠道，我国的政府采购制度必须要维护中小企业的利益，政府采购市场要主动向中小企业开放，给中小企业一定的市场份额，使中小企业有公平竞争的机会。同时，考虑到我国企业制造能力强、创新能力不足的实际，政府采购必须起到保护国产品牌、民族工业的作用。此外，要积极制定生态、环保的政府采购制度，推进绿色采购等新的采购形式，发挥政府采购促进经济发展方式转变的作用。

第五，完善税收制度，加快地方税体系建设。党的十六届三中全会提出的"简化税制、扩大税基、降低税率、加强征管"税制改革目标，符合我国税制改革要求，应一以贯之。进一步推进税制改革，完善税收体系，尤其是地方税体系。要根据我国经济社会发展的要求，积极推进环境保护税、碳税等新税种的开征，改善我国的发展环境。同时，要推进遗产税等税种的开征，发挥税收的调节功能，调整我国居民的收入分配结构。要将房产税扩大到居民住房的保有环节，确保我国房地产市场的健康发展。要积极推动费改税，逐步将社保费改为社保税等，通过费改税的形式来规范分配关系。通过新一轮的税制改革，努力培育地方主体税，并赋予地方政府一定的税收立法权，进一步完善我国的税收制度。

总而言之，财政改革是系统工程，未来财政改革任务光荣而艰巨。党的十八大明确了财政改革的任务和方向，财政改革必须按照十八大的要求，与时俱进，改革创新，不断推进财政改革和发展，为公共财政体制的健全、为社会主义市场经济的发展创造条件、奠定基础。

全面系统构建公共财政

按照科学发展观的要求，做财政工作"既要埋头拉车，又要抬头看路"。这是由财政工作的性质决定的。一方面，财政工作千头万绪，连接着社会的方方面面，关系到千家万户，做财政工作必须兢兢业业，实事求是，来不得半点马虎；另一方面，财政是政府的财政，是国家路线、方针、政策的体现，是为国家实现职能提供政策支持和财力保障的，财政必须体现国家的意志，体现社会的需要和百姓的需求。与建立社会主义市场经济体制相适应，我国财政改革的目标是建立社会主义公共财政体制。但如何构建公共财政，没有固定的模式，各地应结合地方实际，积极开展公共财政构建的实践和探索。这其中既有成功的经验，也有失误的教训，甚至出现过"公共财政是个筐，什么都往里装"的误区。从各地的实践经验看，公共财政是个系统工程，不可能一蹴而就，必须不断总结经验，只有这样，公共财政改革和创新才能不断推进。

第一，积极培养主业，构建公共财政的基础。"以收定支"这是理财的基本原则。随着公共财政改革目标的确立，政府的公共支出不断增长，支出的范围不断扩大，如社会保障体系需要健全、教育需要发展、农业需要增加投入等等，这些都需要有强大的财力来保障，而财力来自经济的发展。发展经济、培养财源、增加财政收入是公共财政的基础，否则，公共财政就会成为"无米之炊"。由于没有主导产业和主体财源，不少地方的公共支出难以保障，而公共支出能够得到保障或保障得比较好的地区，往往是主导产业和主体财源培养得比较好的地区。

在公共财政的构建过程中，财源的培养尤为重要，否则，公共财政的构建无从谈起。在市场竞争日益激烈的今天，如何培养财源，壮大财力。关键是要培养主业，建立稳固的财源。无论是经济发达地区，还是经济欠发达地区，由于自然历史和资源禀赋的区别，各地发展经济的条件和基础是不一样的，但每个地方都有自己的比较优势，都可以寻找到符合地方实际的发展道路，培养出地方的主体财源。一般来说，经济发达地区有先发优势，财力雄厚，发展的条件和基础好，有了一定的积累，经济发展可以走高端之路，重点发展科技含量高、市场竞争力强的产业和产品，培养主导产业和主体财源；而经济欠发达地区也有后发优势，一般集中在资源和生态源头地区，资源相对丰富，可以通过资源开发，发展资源型和资源深度开发型经济，或者开发生态经济，把"青山绿水"变成"金山银山"，同样可以培养主导产业和主体财源。在公共财政构建过程中，各地必须不遗余力的培养主导产业和主体财源。有了主体财源，公共收入就有保障，地方公共财政构建才有基础。

第二，推进综合改革，奠定公共财政的框架。预算是公共财政的核心，预算不改革公共财政的改革无从谈起。改革开放以来，随着简政放权和财政体制"分灶吃饭"的推行，我国财源出现了多元化，而我国的地方预算并没有作相应的改革，一直存在预算不完整的问题。从预算收入看，我国的财政收入通常指一般预算收入，但我国地方政府的收入除了一般收入以外，还有大量的预算外收入、政府性基金收入等，尤其近年来随着房地产市场的火爆，地方的土地出让金收入增长迅速，不少地方预算外的收入和一般预算收入是并驾齐驱的，不少地方没有将这些预算外收入纳入预算管理，财力的分散导致了预算的不完整。从预算盘子看，也仅仅将一般预算收入纳入预算盘子来编制，大量的预算外收入没有纳入预算盘子，以至于部门之间"苦乐不均"，有预算外收入的单位财政的保障水平就高，而没有预算外收入的单位往往财政资金得不到保障，导致财政预算管理的紊乱。从预算支出看，由于预算外收入没有纳入预算管理，使得大量的政府性资金失去人大的监督，不仅造成政府资金使用的绩效无从考核，而且容易导致腐败行为的发生。

构建公共财政必须从改革公共预算着手，改革不完整的地方政府公共预算，建立完整的公共预算。公共预算改革是一项综合性的改革，牵一发而动全身。从政府的财力来看，无论是一般预算收入，还是预算外收入，都是地方政府的财政性收入，都是政府的可用财力，都应该而且必须纳入预算来管理。在此基础上，将预算内外收入统一纳入预算盘子，编制预算盘子要打破长期形成的"基数＋增长"的简单预算编制方式，采用因素法，按照零基

財政改革寻突破

预算和绩效预算的要求，编制部门预算。同时，按照财政国库集中支付改革的要求，采取集中支付或授权支付的方式，由财政国库单一账户体系进行支付，以避免财政资金体外循环和单位、部门截留。只有这样，通过综合的公共预算改革，才能将分散的财力变成集中的财力，将张开的五指变成紧握的拳头，增强地方政府的财政实力，实现集中财力办大事。

第三，促进民生转型，确立公共财政的本质。我国财政改革从建设型财政转向公共财政，公共财政如何构建，如何满足公共需要这是地方政府在地方公共财政构建过程中必须回答的问题。邓小平同志指出："社会主义的本质，是解放生产力，发展生产力，消灭剥削，消除两极分化，最终达到共同富裕"。他指出："我们的政策是让一部分人、一部分地区先富起来，以带动和帮助落后的地区，先进地区帮助落后地区是一个义务。我们坚持走社会主义道路，根本目标是实现共同富裕。"我国改革和发展的目的是为了完善社会主义制度，满足人民日益增长的物质文化生活需要，达到共同富裕，使全体国民都能享受改革和发展的成果。

我国虽然把公共财政作为财政改革的目标，但有些地方政府公共财政的思想并没有完全确立，对修路造桥、对公务用车和公务接待，总是千方百计筹集资金，而对改善教学条件、增加医疗投入、扩大社会保障总是捉襟见肘，缺乏资金。以至居民"上学难、就业难、就医难、住房难"等问题难以解决，以至"因病致贫、因病返贫"时有发生。党的十七大明确提出"社会建设与人民幸福建设息息相关，必须在经济发展的基础上，更加注重社会建设，着力保障和改善民生，推进社会体制改革，扩大公共服务，完善社会管理，促进社会公平正义，努力使全体人民学有所教、劳有所得、病有所医、老有所养、住有所居，推动建设和谐社会"。把民生提到前所未有的高度，这为地方公共财政建设指明了方向，公共财政必须向民生倾斜，把公共财政支出的重点用于教育文化、医疗卫生、社会保障、环境保护等，让老百姓上得起学、把困难家庭纳入社会保障、建立起全民医保等，使公共财政真正用于改善民生，实现以人为本，使城乡居民享受改革开放的成果。

第四，坚持城乡统筹，发挥公共财政的政策效应。新中国成立以来，我国经济社会发展一直走"牺牲农村发展城市、牺牲农村发展工业"的道路，国家主要通过农产品价格"剪刀差"的形式，把农业的利润转移到工业，虽然在这段时期内对推动我国的工业化发展的确起到立竿见影的效果，但牺牲了农民的利益，影响了农村的发展，以致形成了我国的城乡二元经济社会结构。同样，国家的财政主要是城市财政，主要为城市提供公共产品和公共服务，农村和农民很少能够享受到财政的公共产品和公共服务。在城市，提供公共服务（如教育、医疗、图书馆、公共交通、消防、绿化）时，一般不会要求民居负担费用；当城市兴建公共投施（如道路、桥梁、学校、公园）时，居民根本不必承担任何费用。而农村则不然，不仅公共服务十分有限，公共设施十分落后，而且最必要的服务和最简陋的设施也要当地农民负担。城乡二元结构使得城乡差距不断扩大，农村公共产品供应严重短缺，地方财政实质是城市财政。

农村税费改革以来，尤其是党的十六大以来，按照"统筹城乡经济社会发展"的要求，公共财政加快了向农村覆盖。根据国家的统一部署，各地先后建立了新型农村合作医疗制度、农村最低生活保障制度、失地农民的社会保障制度等，让农村居民真正享受到地方公共财政的阳光。但是，这种公共财政的制度仍然没有摆脱城乡二元结构模式。如我国的医疗保险制度，对农村有新型合作医疗保险、对城市有城市居民医疗保险；我国的低保制度有农村低保，也有城市低保，等等。公共财政改革的制度是碎片化的，仍然人为分割成两种制度、两种身份，仍然不符合公共财政的要求。按理说，公平提供公共服务与公用设施是政府的责任，政府应尽量为所有公民（包括居住在城市和农村的公民）提供大致相同的公共服务和公用设施。城乡两种制度、两种身份显然不符合地方公共财政的发展要求。在我国 13 亿人口中，百分之六十生活在农村。在全面建设小康社会和推进社会主义现代化建设的进程中，没有农村的小康就没有全面的小康，没有农村的现代化就没有全国的现代化。农村和城市是一个整体，都是国家的组成部分，构成社会的整体，随着我国工业化、城市化、现代化的推进，城市和农村联系越来越密切、融合越来越和谐。公共财政的本质就是为社会提供公共产品，满足社会公共需要，而这个社会不仅仅指城市，而且包括农村，是整个社会。在深化公共财政改革过程中，必须摈弃城乡割裂的做法，按照"工业反哺农业、城市反哺农村"的要求，坚持城乡一体化的思路设计公共财政制度，不断加大公共财政向农村倾斜，弥补国家对农村、农业、农民即"三农"的欠账，以改善农村的教育文化、医疗卫生、体育科技等公共服务，改善农村的交通道路、用水用电、居住环境等基础设施和农田水利、农机农具等农业生产条件，使农村和城市和谐发展、共同进步。

第五，保持财政改革发展平稳有序，规避公共财政的风险。我国《预算法》规定，地方政府财政不能实行赤字预算，不能发行债务。但从省到市县到乡镇，我国地方各级政府，甚至村级自治组织都不同程度存在债务问题，地方政府负债是不争的事实，无非是程度的不同而已。地方政府负债，客观上是由于分税制改革以来，我国政府财力逐步向上级财政，尤其是向中央财政集中，而国家的公共支出政策不断出台，这使得地方政府不得不负债。从主观上看，由于我国的土地收入归地方政府所有，地方政府有潜在的收入来源，地方政府都认为未来的土地收入是能够偿还债务的，从而对负债有恃无恐、理所当然，这导致的结果是地方政府债务日益扩大，有些甚至到了无以偿还的境地。根据国家审计署的审计，到 2010 年底全国的地方政府债务余额已达 10.7 万亿元，甚至超过了全国财政总收入。

债务不同于税收收入，税收收入是国家凭借政治权利取得的收入，具有强制性、无偿性、固定性的特点，是不需要偿还的，而债务是以政府信用为担保的，需要偿还的。2008 年以来，从希腊开始，波及爱尔兰、冰岛、葡萄牙、西班牙、意大利等国的欧洲债务危机，不仅严重打击了欧洲经济的复苏，而且导致了政局的动荡。我们对债务应该要有清醒的认识，债务是一把"双刃剑"，管理使用不好是要出问题的。当前，我国地方政府负债是不争的事实，要地方政府完全不负债或完全消灭地方政府负债是难以做到的。既然难以做到，堵不如疏，问题的关键是要加强对债务的控制和管理。一方面，要加强债务的源头控制，明确政府财政是地方政府债务管理和使用的主体，以避免多头负债或债务不清；另一方面，要加强对债务使用项目的管理，债务应主要用于政府的基础设施、公共工程等方面的支出，以弥补政府财政收入的不足。同时，要严格控制地方政府的债务规模，确保地方政府财政的安全，以实现经济社会的可持续发展和长治久安。

总之，公共财政提高公共产品，满足社会公共需要，是经济社会发展的有力支撑，是国家宏观调控的重要手段，连接着经济社会发展的方方面面。构建公共财政是个系统工程，必须按照全面系统可持续发展的要求，与时俱进，不断推进公共财政的改革和创新。

对"营改增"财政要未雨绸缪

　　增值税是以每个环节的增值额为税基的一种税，其优点是能够避免重复征税。1954 年增值税率先在法国实施，其后不少国家纷纷效仿，目前全世界有 170 多个国家采用。我国 1979 年引入增值税，1984 年增值税扩大到全国，1994 年我国分税制财政体制改革同时进行了税制改革，建立了以增值税、营业税等流转税为主体的税收体系，尤其是以增值额为纳税依据的增值税的全面实施，基本理顺了国家和企业的财政分配关系，避免了重复征税，改善了企业生产经营环境，减轻了企业负担，推进了企业的科技进步，提高了企业的经济效益。但是，由于增值税和营业税的交叉，有些环节、有些行业进项税额不能抵扣，增值税的链条是不完整的，影响了增值税的实施效果。为了解决增值税运行中存在的问题，我国启动了部分行业营业税改征增值税改革，即"营改增"改革，从 2012 年 1 月 1 日率先在上海试点，2012 年 8 月 1 日起国务院又决定将交通运输业和部分现代服务业营业税改征增值税试点范围扩大到北京、天津、江苏、浙江、安徽、福建、湖北、广东和厦门、深圳 10 个省（直辖市、计划单列市），从 2013 年 8 月 1 日起试点在全国范围内全面推开。

　　国家在政府财政收入占 GDP 比例不断提高，政府财力有所保障，而企业税收负担比较重的前提下，扩大"营改增"改革，一方面是为了完善增值税体系，使增值税的优势得到充分的发挥，以促进经济结构的调整，增强企业的活力。另一方面，在当前金融危机的阴霾还没有消退的情况下，"营改增"也是国家实施结构性减税，推行积极财政政策的有力举措，有利于减轻企业负担，增强企业的市场竞争力。

"营改增"不仅仅是税制改革，实质涉及到政府财力的重新分配，改革涉及面广，牵一发而动全身。2012 年年初上海的"营改增"改革试点和 10 个省的"营改增"改革试点，前提都是建立在结构性减税的基础上，国家明确"改革试点行业总体税负不增加或略有下降，基本消除重复征税"的税制改革原则，对确实由于新老税制转换导致税负增加的试点企业，据实落实过渡性财政扶持政策，给予适当的过渡性财政扶持，改革不涉及中央和地方的财力调整问题。但随着"营改增"试点改革的推进、试点范围的不断扩大，必然涉及中央和地方财力的重新分配。

　　由于我国分税制财政体制把主体税增值税作为共享税，收入的大头在中央，而营业税是地方税，是地方税的主体税种。"营改增"必然影响地方的财政收入，影响地方的可用财力，从而影响分税制财政体制。"营改增"的顺利实施，必然涉及中央和地方的财力重新分配，甚至是分税制财政体制的调整，财政必须未雨绸缪。

　　从中央财政来说，一方面，要做好"营改增"方案的测算。要根据试点范围的扩大，实时了解财力在中央和地方与税收收入在国家和企业之间的分配变化，对中央和地方以及国家和企业分配关系的变化，要及时提出解决的办法，既不增加企业负担，又不影响中央和地方的财力分配关系，使"营改增"改革能够顺利推行。另一方面，要做好中央和地方分税制财政体制调整的准备。随着"营改增"范围的不断扩大，今后将扩大到所有营业税改成增值税，而营业税目前是地方的主体税种。这样，目前分税制财政体制的基础发生了变化，中央和地方的财政收入必然要作相应的调整。调整的方案主要有两种，一种是微调，即调整增值税共享的分成比例，如将目前的增值税中央和地方共享分成比例 75：25 调整为 60：40 或 50：50，等等；另一种是大的调整，即重新调整分税制财政体制。不论如何调整，在我国，财政体制调整的主动权在中央财政，中央财政必须做好这方面的准备。

　　从地方财政来说，要明确"营改增"改革的方向，要积极配合"营改增"改革，积极参与"营改增"改革，在改革过程中力争主动。首先，地方要加强"营改增"的调研，做好"营改增"对地方财政影响的分析。"营改增"必然影响地方的财力，地方要加强调研，及时分析不同行业、不同范围"营改增"实施对地方财力的影响。按照全国的统一部署，使"营改增"能够顺利实施，从而和中央保持一致，做到胸有成竹，掌握改革的主动权。同时，要做好"营改增"改革对企业影响的分析。"营改增"改革总体上是减轻企业税负的，尤其是小微企业纳税人从 5% 的营业税降为 3% 的增值税，减负明显，但也有部分企业税负是增加的，尤其是一些难以取得增值税专用发票的企业以及一些人工、交通、房租、物业管理、邮电通讯等不能抵扣占比高的企业，对这些企业地方财政要做好分析测算，给企业相应的财政扶持。

其次，要加快经济结构调整，做大营业税"蛋糕"。"营改增"是我国税制改革的必然和改革的方向，而营业税又是地方主体税种，这种改革对地方的影响是显而易见的，但地方财力受到的影响也会由中央财政弥补，不会因为改革而影响地方财力。保既得利益是财政体制调整的基础，是每次财政体制调整基本不变的定律。因此，对"营改增"这项改革地方要积极主动，要加快经济结构的调整，转变经济发展方式，加快发展服务业尤其是现代服务业，做大营业税的"蛋糕"，为地方经济和社会事业发展争取更大的财力。

最后，要加强地方小税种的培养，壮大地方财政实力。"营改增"以后，地方财政的主体税营业税改为增值税，成为共享税以后，地方财政就缺乏主体税种，这对地方财政是严峻的挑战。但地方财政不能等靠要，要从地方实际出发，积极培养地方小税种。有些小税种现在看是小税种，未来不一定是小税种，有些小税种，随着经济发展环境的改变，未来有相当可挖掘的潜力。因此，地方财政要加强地方税的培育，要加强地方小税种的征管，把小税种培养成为大财源，增加地方可用财力。

"营改增"率先从交通
运输业着手

我国 1994 年的税制改革，将增值税的征收范围扩大到所有货物和加工修理修配劳务，对其他劳务、无形资产和不动产征收营业税。这种增值税和营业税并行的流转税体系，一直存在行业划分困难、重复征税等问题，给经济发展和税收管理带来了不少困难。而"营改增"即营业税改征收增值税，这是为了理顺国家和企业的分配关系，完善税制，避免重复征税，以减轻企业负担的需要，也是我国实行积极财政政策，推行结构性减税的需要。国务院决定从 2012 年 1 月 1 日起率先在上海试点交通运输业和部分现代服务业营业税改征增值税，从 8 月 1 日起试点范围又扩大到北京、天津、江苏、浙江、安徽、福建、湖北、广东和厦门、深圳 10 个省（直辖市、计划单列市），以后还将根据需要进一步扩大试点范围，直至全面推行"营改增"。

"营改增"改革是我国 1994 年新税制运行以来，继内外资企业所得税并轨、增值税转型即生产性增值税改为消费型增值税、个人所得税起征点调高以后，我国税制的又一重大改革，改革不仅涉及增值税和营业税两个税种的改革，而且涉及到中央和地方财政收入的划分，因为增值税是中央和地方共享税，收入的 75% 归中央，25% 归地方，营业税则属于地方税，是地方税的主体税种。改革的难度和改革的复杂性是显而易见的，从何着手，改革的路径选择显得十分重要。

"先试点，后推广"是我国推进改革的基本做法，这种改革有利于控制改革的风险，避免改革的失误，"营改增"改革也不例外。"营改增"改革从交通运输业着手，选择交通运输业先行试点，是着眼于各种因素的考虑，是各种因素综合的合理选择。

其一，这是符合交通运输业行业特点要求的。1994 年税制改革以后，我国建立了以"增值税、营业税"为主体的流转税体系，增值税主要针对制造业企业应税商品和货物的增值额征税，虽然规定了 17% 和 13% 两档较高的税率，但避免了重复征税，比较科学合理，有利于企业的扩大再生产和科技进步，适应我国经济发展的需要；而营业税主要针对服务企业的营业额征税，虽然税率低但存在重复征税的问题，不少服务业的税负较重。交通运输业从产业上说是介于制造业和服务业之间的产业，虽然靠近服务业但产业本身存在价值增值的问题。增值税制度建立以来，无论是理论界还是实际部门都认为从完善增值税制度考虑，都应将交通运输业从征收营业税改为增值税，这有利于增值税链条的完整，避免重复征税，促进实体经济的发展。

其二，这是由交通运输业在国民经济中的地位决定的。交通运输业包括铁路运输、道路运输、管道运输、水上运输、航空运输、公共交通和装卸搬运，涉及海、陆、空等领域，连接着生产、交换、分配、消费的各个环节，是经济发展的支柱产业，在国民经济和社会发展中地位举足轻重。交通运输业涉及面广，和实体经济存在千丝万缕的联系，把交通运输业排除在增值税之外，工业企业无论是原材料还是产品的运输都没有增值税专用发票，增值税链条不完整，成本不能扣税且存在重复征税，影响实体经济发展。同时，交通运输业行业复杂，发展水平不一，选择交通运输业"营改增"改革率先试点，有利于积累经验，争取主动，促进"营改增"改革的全面推行。

其三，这是着眼于推进交通运输业快速发展的考虑。交通运输业是现代物流业的重要组成部分，发展交通运输业是转变经济发展方式，提升经济运行质量的需要。但是，我国交通运输业发展仍然比较困难，企业的盈利水平和盈利空间比较小，这其中一个重要的原因是企业的负担重，尤其是税收负担重。因为我国交通运输业作为物流业征收营业税，而交通运输企业的设备投资金额大、设备更新任务重，而这些固定资产和设备更新的投资是不能抵扣的，企业的负担重，盈利水平低，国家的税制影响了交通运输业的发展。从国家经济发展的需要看，交通运输业是需要大力发展的产业，国家为了加快交通运输业的发展，缓解交通运输业对国民经济和社会发展的瓶颈制约，必须减轻交通运输业的税负，增强交通运输业的活力。而"营改增"改革选择交通运输业，不仅有利于交通运输业的发展，加快交通运输业的转型升级，推动交通运输业发展方式的转变，更有利于吸引社会资本、民间资本投资交通运输业，加快交通运输业的发展。

其四，这也是规避财政风险的需要。"营改增"作为结构性减税的重要举措，总的指导思想是不增加企业负担，而改革本身不可能使所有的企业减轻负担，肯定有增有减，无非是减的多增的少而已，至于因"营改增"改革而使企业增加的税收负担要求由地方财政给予返还，这就涉及到地方财政的负担问题。在中央和地方分税制财政体制没有调整的前提下，如果过多地由地方承担改革的成本，地方财政肯定难以为继，这是国家在"营改增"改革方案的设计时必须要考虑的，在改革试点行业的选择上也必须要考虑的，而交通运输业虽然是国民经济和社会发展的重要行业，但由于交通运输业行业盈利水平低，交通运输业上缴的税收收入在我国财政收入中的占比并不高，占我国营业税收入的比例也不到10%，因此，选择交通运输业作为率先试点行业，对中央和地方财政的影响并不大，各级财政是能够承受的，风险是可控的。

总之，由于"营改增"改革不仅涉及税制改革，更深层次是涉及中央和地方财政收入的划分、利益的调整，可以说是"牵一发而动全身"。改革的推进必须慎重，分配关系的处理必须缜密。改革在路径的选择上"先试点再推广"是有道理的，选择交通运输业作为突破口是必要的、合理的、正确的。国家通过交通运输业等部分行业"营改增"改革的试点，一方面积累经验，完善政策，为未来的全面推进改革创造条件，另一方面启动结构性减税，推动交通运输业的发展，控制和降低财政风险。

财政热点
面对面

大力促进乡镇公共服务平台建设

　　平台即场所，包括有形的、无形的，而乡镇公共服务平台是乡镇政府为农村、农民、农业即"三农"提供公共服务的场所。乡镇公共服务平台建设是农村公共财政发展到一定阶段的产物，是统筹城乡经济社会发展，实现城乡一体化建设的需要。

　　按照统筹城乡经济社会发展的要求，我国公共财政加快了向农村覆盖，公共财政从城市财政转为城乡财政，把农村也纳入公共财政的保障范围，不断为农村提供公共服务。国家先后推出了新型农村合作医疗制度改革，为农村建立医疗保障制度；对农村基础教育实行了免费，使农村的基础教育实现了国民教育；推行了新型农村养老保障制度，使农民也和市民一样有了养老保障；对农民购买家电，实行了"家电下乡"，扩大了农村消费；推进了新农村建设，加大了对农村的道路、电网、通讯、环境治理的投入，改变了农村的发展面貌；对农民种粮、购买良种、农机实行了"良种补贴"、"农机直补"，减轻了农民的生产成本，等等，大量的财政资金投向"三农"。

　　这些公共服务内容全面、范围广泛、品种繁多，涉及财政、民政、农业、教育、劳动社保、卫生、计生、文化、科技、城建、土管、环保、广电等多部门。有涉农的，如"农机直补"、"种植大户直补"、"良种补贴"、"农资综合补贴"等；有涉及公共事务的，如农村低保、新农合、新型农村养老等。涉及的资金量大，是公共财政的重要组成部分；涉及的范围广，连接着各个农户和家庭。如何提供涉农服务和农村公共事务，为"三农"服务，路径无非是两种：一种是分散提供，

财政改革寻突破

由各个部门在乡镇设立办事机构或办事人员，提供相应的公共服务。目前，不少农村仍然是保持这种现状，农民手中有来自不同部门的各种补助，有低保、新农合、农机直补、良种直补、家电下乡等补助。这不仅容易导致管理的混乱，也不利于为农民办事。另一种是集中提供，在乡镇设立便民服务中心，把所有的"三农"服务，包括公共服务、法律服务、纠纷调解等集中在服务中心，为农民提供。目前，有些乡镇已开始这方面的尝试，乡镇便民服务中心也应运而生。

公共服务是公共财政的基本职能，公共财政的本质就是民生财政，重点是农村，农村公共服务的资金大都直接或间接通过乡镇财政来安排。而早在20世纪八十年代我国就开始建立乡镇财政，虽然乡镇财政建设和发展有过起伏，有些地方健全，有些地方薄弱，但乡镇财政的基础依然存在。乡镇便民服务中心为乡镇公共服务平台建设提供了基础，因此，发挥乡镇财政职能，整合乡镇行政事业服务资源，构建乡镇公共服务平台，把乡镇便民服务中心和乡镇公共服务平台有机结合，使与财政支付关联的乡镇民生服务相关事项能够"一个门进、一个平台办事、一卡通使用、一本册子明了"，形成高效、便民、快捷的"一站式、一条龙、一卡通"式乡镇公共服务新平台显得尤为重要。

一是有利于整合乡镇公共服务资源。面向"三农"的所有涉农服务和公共事务，有一个共同点是所有的资金来自政府财政，政府财政是农村公共服务提供的基础。只有政府财政有这个职能和能力为农村提供公共服务，也只有政府财政有这个职能和能力对农村的公共服务进行整合，乡镇财政公共服务平台是政府整合农村公共服务的有效形式。

二是要有利于提高办事效率。农村公共服务点多面广，分散管理，农村群众办事不便，不利于提高办事效率。而通过乡镇财政公共服务平台，所有的涉农事务和农村公共事务都可以办理。政策明了，程序规范，操作有序，公开透明，不仅方便了群众，而且提高了办事效率。

三是有利于加强乡镇财政资金监管。加强财政资金的监管，发挥财政资金的功能作用是乡镇财政的基本职能所在。而乡镇财政资金分散在各个部门管理，虽然从部门的角度看，打通了"最后一公里"，实现了专款专用，但从整个政府财力的角度看，不仅财力分散，管理的成本高，而且管理无序，容易导致财政资金的截留和挪用，破坏财经纪律。乡镇公共服务平台的建设，对财政资金进行集中管理，就可以最大限度避免财政资金使用过程中违规行为的发生，确保乡镇财政资金的安全和完整，使有限的财政资金发挥更

财政热点

面
对
面

多更好的经济效益和社会效益。

四是有利于乡镇财政建设的强化。农村税费改革以后，由于取消了农业税，乡镇财政的职能弱化了，不少地方推行了"乡财县管"。而公共财政向农村覆盖，客观上要求强化乡镇财政的职能，发挥乡镇财政的作用，在这种情况下，乡镇财政公共服务平台的建设，为乡镇财政的建设和发展提供了契机。乡镇政府可以通过乡镇公共服务平台建设，把乡镇财政机构健全起来、人员强化起来，从而把乡镇财政的功能发挥出来，推动基层财政的稳固和健全。

"不管白猫黑猫，抓到老鼠的就是好猫"。改革是前无古人的伟业，没有固定的模式可以照搬，需要实践和创新。抓住了机遇，就会促进改革的飞跃，推进事业的发展。如果说国家建立乡镇财政，当时的主要职能是抓财政收入，征收农业税的话，如今，随着农业税的取消，乡镇财政的主要职能已转为公共支出管理。而新形势下乡镇公共财政服务平台的建设，是乡镇财政建设的有力抓手，有利于乡镇财政的健全，实现"一级政府，一级财政"，确保基层财政的稳固和可持续发展。

个税改革应和功能发挥相结合

个税即个人所得税，是调节国家和居民个人税收分配关系的税种，我国从 1980 年开始恢复征收个人所得税。我国个人所得税制度建立以来，随着我国经济的发展，居民收入的快速增长，调节国家和居民收入分配关系的个税几经改革，征收范围、征收比例、管理办法不断调整，尤其是免征额的调整，从 1983 年的 800 元调高到 2006 年 1 600 元，2008 年又提高到 2 000 元，2011 年再次提高到 3 500 元。个税改革和管理办法的不断调整、政策的不断出台适应了我国经济社会发展的需要，有力地发挥了个税调节收入分配关系的作用。

尽管如此，个税制度建立以来，个税一直是社会关注的焦点，是每年全国人大、政协两会讨论的热点，也是税务部门征收管理的难点。一方面，社会上强烈要求提高个税起征点，有些代表和委员提出起征点从 3 500 元提高到 5 000 元，甚至是 10 000 元，给低收入者更多的税收优惠；另一方面，税务部门从国家财力的承受能力考虑，对提高个税的起征点比较谨慎，双方的博弈始终存在。

社会舆论更多考虑的是低收入者的利益，税务部门更多考虑的是国家财政的承受能力，双方都有道理。如何解开其中的死结，还得从个税功能谈起。作为一种税，个税的功能作用是多方面的，一般来说，个税的基本功能有两项。一是筹集财政资金。这是所有税收的基本功能，个税也不例外。随着我国经济的发展，居民收入水平的不断提高，直接税的比例也不断提高，个税收入将越来越多，个税在国家税收中的地位更加突出，发达国家是很好的例证。在美国，个人所得税和企业所得税、社会保障税等是联邦政府的主要税收来源，不少州政府也征收个税。二是调节收入分配关系。个税实行累进税率，收入愈高，税率愈高，自然高收入者上缴的税收愈多；而对低收入者实行低税，甚至免税或退税，个税是调节居民收入分配关系，实现公平分配的主要经济杠杆。

经过改革开放30多年的发展，我国已成为世界第二大经济体，目前政府集中的财政收入已超过11万亿元，其中税收收入也超过10万亿元，无论是从财政收入角度看，还是从税收收入角度看，在国民收入分配的"蛋糕"中，政府集中的已经不低，个税的功能也功不可没。但是，我国国民收入分配领域面临的主要问题是分配不公，分配差距过大，反映居民收入差距的基尼系数已超过国际公认的警戒线0.4，个税调节的余地还很大、调整的空间还很广阔，个税功能的发挥可以说是任重而道远。

个税的功能清楚了，未来个税的改革就有了方向。结合我国经济社会发展的现状，必须把个税改革和个税的功能结合起来，以推动个税改革，从而更好地发挥个税的功能。

第一，给低收入者更多的个税优惠。依法纳税是每个公民应尽的义务，税收有强制性的特点，而给低收入者的个税优惠又体现了税收杠杆调节的灵活性。给低收入者低税甚至免税是税制的特点，是各国通行的做法。目前，虽然我国居民收入水平已有很大的提高，但我国人均收入水平还处世界中下水平，低收入者的收入水平更低，而我国的居民生活负担、生活成本并不低，仅住房一项在不少一二线城市的住房价格已超过发达国家的水平，大大超过普通居民的承受能力。如果加上通胀因素，以及低收入者的医疗、子女教育、养老等支出，低收入者的负担可谓不轻。个税改革必须考虑这些因素，免征额要随着居民收入水平的提高逐步提高，从3 500元逐步扩大到5 000元不是没有可能和可行的，这不仅有利于减轻低收入者的负担，也有利于扩大社会中产阶层的队伍，确保社会的稳定。同时，为了维护低收入者的利益，个税的负担还要考虑家庭人口因素和家庭负担，可以借鉴美国的做法，推广以家庭成员为单位申报纳税，使个税的改革和家庭因素相结合，更多地体现税收的公平性。

第二，加强对高收入者的个税征管。高收入者是个税的纳税主体，是个税收入的主要来源。随着我国经济的发展，分配的多元化，收入差距开始拉开，大中型企业的高管、金融证券、煤炭电力、石油石化等垄断行业的从业人员、个体、私营企业主、社会中介组织的经营管理者等高收入阶层的队伍不断扩大，国家国税总局早在2006年就下发了《个人所得税自行纳税申报办法》，要求年收入超过12万元的高收入者须向税务部门自行申报纳税。

但是，个税一直是我国税收管理的薄弱环节，尤其是高收入者的自行纳税申报比例还不高，个税收入的增长和高收入者的收入增长极为不符，个税管理漏洞多，税收流失严重。高收入者个税的流失，加剧了社会分配的不公，影响了社会的和谐和稳定。个税的改革必须和个税的调节功能相适应，要加大对高收入者的调节，适当提高个税的累进税率，收入越高税收负担相应越重，发挥个税自动调节收入分配的作用。同时，要加强对高收入者的个税管理，建立高收入者严格个税申报制度和单位的代扣代缴制度，加大偷逃个税的处罚力度，维护税法的严肃性。

第三，严格对财产类收入的个税管理。造成居民收入差距不断扩大，社会分配不公，除了工资收入外，更主要的是居民的财产性收入的差距，主要来自房地产、股权等投资和投资获得的财产性收入，这是造成收入差距急剧扩大的症结所在。随着我国城市化进程的加快和政府经营城市的助推，我国房地产价格年年攀升，不少从事房地产投资和投资的个人获得了大量的财产性收入，上市公司的股权投资情况也如此。而财产性收入是我国个税的薄弱环节，我国的个税对居民个人投资和投机所获得的财产性收入几乎没有征收个税，这是个税制度和管理上的漏洞。居民投资和投机所获得的财产性收入，这其中有勤劳和智慧的因素外，更多靠的是机遇和机会。"辛辛苦苦几十年不如炒房一套来挣钱"。如果政府不利用税收等经济杠杆加以调节，不仅会使社会形成大量的食利阶层，而且产生经济的泡沫和价格的扭曲，使大量资本逃离实体经济，大量进入虚拟经济，破坏经济秩序，加剧经济风险。个税的改革必须把居民的财产性收入纳入征收的范畴，扩大个税的调节范围。对居民投资房地产除了缴纳房产税外，取得的纯收入还必须按适当的税率缴纳个税。居民对上市公司的股权转让收入及其他有关的财产性转让取得的收入都应缴纳个税，使个税的调节功能得到更好的发挥。

总之，要按照综合和分类相结合的税收原则，不断加快个税的改革，健全和完善个税制度，发挥好个税的调节功能，使个税的改革和个税功能的发挥相得益彰，促进经济的发展和社会的公平、公正。

有一种担当叫责任

有一种互助叫合作
有一种勇气叫自信
有一种承诺叫行动
有一种执着叫追求
有一种努力叫奉献
有一种声音叫感谢
有一种担当叫责任
……

记得有一种说法是，把复杂问题简单化的是专家，把简单问题复杂化的是学者。还有一种说法是，把复杂问题简单化的是技术，把简单问题复杂化的是艺术。

在从事财政工作之余，我常常思考财政问题，常常扪心自问，在做好财政工作的同时，能为财政改革和发展、财政管理的科学化和精细化、财政学的发展和创新做些什么？

财政属于分配范畴，以国民收入分配为研究对象，是研究分配问题的学科。一般人认为，财政的门槛比较低，从事财政工作不一定需要专门的财政专业背景，这实际上是对财政的误解。许多学科正是因为门槛低，方显示出它的科学性，我认为财政也如此，否则，就不会有这么多的财政问题引起人们的关注，不会有这么多的财政政策成为社会各界争论的热点，也不会有这么多的财政问题引起社会的震动。财政是国民经济和社会发展的综合，财政分配涉及国家、企业、居民的关系问题，涉及经济社会发展问题，涉及城乡发展问题，涉及区域发展问题，涉及人和自然的和谐发展问题，等等，牵一发而动全身。财政问题既是经济问题，又是政治问题，也是社会问题。

如何制定符合国情和经济社会发展要求的财政政策，增加社会福祉，实现"民富国强"；如何让财政问题通俗化、大众化，让国家的财政政策、财政的热点问题得到社会的了解和理解，如何让社会各界在了解和领会国家的财政政策的基础上，关心国家的财政政策走势，等等，这是出台财政政策前必须考虑的问题，也是财政理论工作者和实际工作者必须正视的问题，需要各方的共同努力。

问题和解决问题的办法同时产生。如果说经济学需要"阳春白雪"，也需要"下里巴人"，那么财政学亦如此。2012年下半年以来，我利用业余时间，放弃了和家人的天伦之乐，放弃了和朋友的海阔天空，也放弃了到青山绿水间休闲，围绕当前财政工作中的热点、国家制定和出台的财政政策、地方财政改革和发展的创新等方面的问题，进行研究和思考。可以说是把别人喝咖啡的时间用在学习和研究上，用在对财政问题的思考上，完成了一些对财政问题研究的成果，其中的一些研究成果发表在"中国财经信息资料"上，这些成果累积成了《财政热点面对面》一书。

本书的完成，要感谢改革开放的时代。改革开放使得财政地位日益凸显，职能日益重要，财政成为社会的热点，百姓关注的焦点，财政问题的研究日益重要；要感谢我的领导、同事、同行的帮助和指导，不少思想火花和研究思路是在他们的帮助下、是在和他们的交流中产生；要感谢"中国财经信息资料"编辑部的支持，他们的鼓励使我没有懈怠，坚持研究和写作。

书山有路勤为径，学海无涯苦作舟。虽然在工作之余挤出时间从事财政问题研究，工作辛苦、生活清苦，业余生活也简单，甚至有些枯燥，但一个财政工作者的责任感和对财政工作的热爱，对财政事业的执着，让我无怨无悔——"累并痛快着"。

本书提出的一些观点和政策建议，如果能够为财政改革、发展和创新出力，能够为读者了解和理解财政问题出力，那就是我的初衷和目的所在。

余丽生

2013 年 8 月

财政热点 面对面

图书在版编目（CIP）数据

财政热点面对面／余丽生著．—北京：经济科学
出版社，2014.1
ISBN 978 – 7 – 5141 – 3917 – 4

Ⅰ.①财…　Ⅱ.①余…　Ⅲ.①财政政策 – 研究 – 中国
Ⅳ.①F812.0

中国版本图书馆 CIP 数据核字（2013）第 253893 号

责任编辑：齐伟娜
责任校对：王苗苗　杨　海
版式设计：齐　杰
责任印制：李　鹏

财政热点面对面

余丽生　著

经济科学出版社出版、发行　新华书店经销
社址：北京市海淀区阜成路甲 28 号　邮编：100142
总编部电话：88191217　发行部电话：88191540
网址：www.esp.com.cn
电子邮件：esp@esp.com.cn
天猫网店：经济科学出版社旗舰店
网址：http://jjkxcbs.tmall.com
北京季蜂印刷有限公司印装
710×1000　16 开　12.75 印张　220000 字
2014 年 1 月第 1 版　2014 年 1 月第 1 次印刷
ISBN 978 – 7 – 5141 – 3917 – 4　定价：32.00 元
（图书出现印装问题，本社负责调换。电话：88191502）
（版权所有　翻印必究）